Sounds Make Perfect

英語音声学への扉

―発音とリスニングを中心に―

［改訂版］

今井由美子・井上球美子・井上聖子

大塚朝美・高谷　華・上田洋子・米田信子

英　宝　社

本書について

　初版から10年を迎え，幸運にも本書は改訂版を出版する運びとなった．基本的には，タイトルの示すとおり "Sounds Make Perfect" のポリシーは変わらない．本書では，母音・子音の個々の音素の説明や単語・文レベルでの練習だけではなく，実践的なダイアログも取り入れて英語の発音や音声のしくみを学習・練習できるように工夫している．本書を使用することにより学習者は英語音声学の基礎を養うとともに，実際の場面を想定した練習によるコミュニケーション能力を高めることができると確信している．また発音記号（後述の「音の書き表わし方」で説明）をはじめイントネーション・ラインや強勢記号などの実際の音声表記を多く取り入れており，「視覚的に英語の発音をとらえる」ことで学習者が英語の音のしくみについてより深く理解できるようになっている．さらに，個々の音素の発音，単語の発音，単語間の音のつながり，文レベルというbottom-up方式によるリスニングのための練習問題も多く用意した．従来の教科書とは異なる音声学的な視点からリスニングを捉えたタイプの取り組みといえる．日常における英語音声の発話においてはもちろん，TOEIC・TOEFLなどのリスニング対策にも大いに役立てていただきたい．

　本書はUnit 1（Vowels and Consonants, Practice 1〜10）とUnit 2（Dialogs and Exercises, Lesson 1〜20）の構成になっている．Unit 1では各音の解説と発音方法，Unit 2ではダイアログをベースにしながら英語の音声表現に必要なポイントの解説をまとめている．各Practice・Lessonは，左ページに解説，右ページに練習問題をおき，見開きで1つの単元を学習できるようになっている．練習問題はLet's Listen!とLet's Try!の2パートから成り，Let's Listen!では音声の聞き取り・書き取り練習，Let's Try!では発音・表記練習などを中心に展開している．また，1つのダイアログにつき学習ポイントを5つ程度に限定し，英語の発音の特徴をやさしい英文で確認できるようにした．それぞれのダイアログにはReviewページがあり，設問に解答することでダイアログ中の学習ポイントを確認できる．

　学習者は Lesson が進むにつれ，英語の発音において注意すべきポイントが数多くあることに気づくことになる．さらに個人による発音練習と並行しダイアログを効果的に用いてスキット（寸劇）を行うなど，ペア練習・発表に活用することも提案したい．授業の中で練習し覚えたことは学習者自身の英語表現スキルとして定着し，今後の学習意欲につながることであろう．また，改訂版を機に Unit 1（Vowels and Consonants, Practice 1 〜 10 の左ページの練習語）には動画を用意した．英語母語話者による口の動きを参考に練習してほしい．

　本書では，主として「標準アメリカ英語」を使用している．周知の通り英語には様々な変種（方言）がある．しかしながら，学習者が発音を学ぶ際にはそれらが混同しないよう1つの変種の体系を確実に学ぶことからはじめるべきだと考える．よって本書では便宜上「標準アメリカ英語」を使用するが，他の変種との相違点にも興味・関心を持っていただきたい．英語の発音学習はたとえ良い教科書があっても自主学習することは困難といえよう．手本となる発音を聴き，真似て練習を重ねていくことで，ある程度体得できていくものではあるが，練習した音や文だけしか発音できないということでは，発音学習の達成感を味

わうことはできない.

　著者の願いは，学習者が英語母語話者や英語教師の助けから最終的に自立し，学習者がそれぞれ目指すところの英語音声表現に少しでも近づくことであるが，英語を話す際，日本語（母語）のアクセントを気にする学習者は少なくない．しかしながら，今や英語使用圏の拡大により地域特有の英語が生み出され，世界中で地域の特性を保ちながらも相互の理解可能な用い方による英語（World Englishes や New Englishes）が使用されている.

Everyone has an accent.

たとえ英語が第一言語でなかったとしても，堂々と話してみよう．大切なのは英語を話す際に「誤解されないレベルの発音」を目指すことであり，過度に発音を気にする必要はない．音声学の知識やそれに伴う練習はよりスムーズなコミュニケーションをする助けとなるものである.

　本書との出会いにより，英語音声学への扉が開かれた．学習者が英語の音声表現に興味をもち，社会で，また教育の場で自信をもって音声表現ができるようになってくれることを願い，期待する.

　最後に，本書執筆にあたり英語表現について多くの助言をいただいた Linda Arai 氏と動画撮影のために時間と笑顔を快く提供してくださった 﨑ミチ・アン 氏に厚く感謝の意を表したい.

2019 年 12 月

著者一同

音の書き表し方

　本書では，発音の表記に International Phonetic Alphabet（国際音声字母，以下 IPA）という発音記号を用いている．IPAは発音を表すために用いられる記号で，スペリングや言語の種類には関係なく同じ音を同じ記号で表そうとするものである．

　　Mr. Baker wants a cap.
　　[mɪstər beɪkər wɑnts ə kʰæp]

　例えば上記の英文で，スペリングでは同じ文字「a」が用いられていても，IPAを見ればそれらが [eɪ], [ɑ], [ə], [æ] という異なる音であることがわかる．

　英語は世界中で非常に多くの人に用いられている言語であり，方言差も大きい．また辞書によって表記の仕方には若干の違いもある．本書の IPA 表記は『研究社リーダーズ英和辞典　第 2 版』(2002) を参考にしている．また，IPA の表記は [ ] 内に入れて表すことを基本としているが，厳密な音声レベルの表記というわけではない．教育的効果を考慮し，複雑な音声レベルの表記をすることで混乱を招くと思われる音については標記を簡素化し，反対に，日本語を母語とする学習者にとって違いをしっかり意識する必要があると思われる音については音声的に詳しい表記をしている．従って，辞書よりも音声的により詳しい表記となっているところもある．

ダイアログについて

　Unit 2 は 4 つのダイアログをベースに学習項目を学べるように構成している．「日本人学生がアメリカで大学生活を送る」という設定で，留学生なら体験するであろう場面を抽出している．日本人留学生 Emi がアメリカの大学でキャンパス生活をスタートするところからダイアログは始まる．
　Dialog 1 では寮生活での新しい出会い．Dialog 2 ではカフェテリアでのやりとり．Dialog 3 では担当教授との会話．そして最後の Dialog 4 ではクリスマス休暇の計画．すべてのダイアログは，学習項目が認識しやすいように，また共感が持ち易いように，シンプルさを心掛けて展開している．

DVDを用いた母音・子音の練習方法

　英語話者が母音・子音を発音する際の口の動きに注目してみよう．練習時に自分の口を鏡で見ながら英語話者と同じように口とその周辺の筋肉を動かしているかを確認しよう．時には動画を停止し，調音点や調音方法の確認をしてみるとよい．また動画を消音で再生し，口の動きに合わせて発音をアフレコしてみることも新しい練習方法として提案したい．

目　　次

Sounds Make Perfect

英語音声学への扉

― 発音とリスニングを中心に ―

[改訂版]

Unit 1

Vowels and Consonants

Unit 1 では母音 (Vowels)・子音 (Consonants) について
英語音声のしくみを学習し，基本的な発音を練習します．

Practice では各音について学習し，発音記号を意識しながら
母音・子音の発音の基礎を身につけましょう．

Let's Listen！では音の違いを聞き取るために 4 種類の課題
を通し，まぎらわしい音へ注意を払いながら，発音およびリス
ニング練習を行います．

発音記号に慣れ，自分で発音に結びつけていくことができるよ
うになると，英語学習においてまた新たな興味が広がることで
しょう．

◆ 音について

　我々は話をするときはもちろんのこと，口笛を吹いたり，ため息をついたり，舌打ちをしたり，いろいろなときにいろいろな音を発している．それらの音のうち，言語を構成する音のことを言語音という．音声学で扱う音とは，この言語音のことである．言語音（以下「音」と呼ぶ）は，大きく**母音**と**子音**に分けられる．声を出すときの空気の流れに対して妨害や制限が加えられないものが母音，何らかの妨害や制限が加えられるものが子音である．

　各音の説明の前に，それらの音を作っている舌と口の内部について説明する．舌については，本テキストでは大きく3つの部分に分けて扱う．舌の先が**舌先**，舌先のすぐ後ろの部分が**前舌**，さらにその後ろの部分が**後舌**である．

　口の内部は目で確認するのが難しいので舌先を使って確認してみよう．まず舌先を上の歯の裏にあててみる．そこから舌先を歯の付け根とその後ろの盛り上がったところまでずらす．そこが**歯茎 (alveolar)** である．さらに舌先を上あごにそって後ろにずらすと，硬くて広いところがある．そこが**硬口蓋 (hard palate)** である．もう少し後ろに舌先をずらしていくと，硬口蓋の後ろに今度は軟らかいところがある．そこが**軟口蓋（velum または soft palate）**である．その後ろにあるのが**口蓋垂 (uvula)** である．

<図1：主な調音器官>

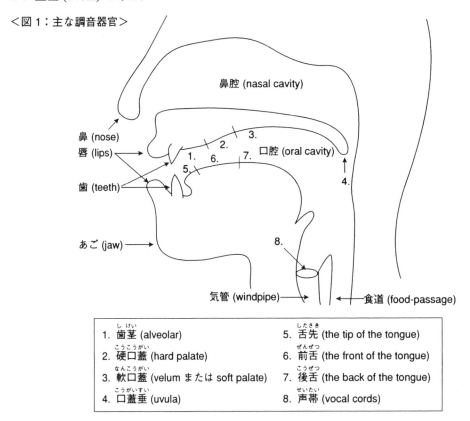

1. 歯茎 (alveolar)	5. 舌先 (the tip of the tongue)
2. 硬口蓋 (hard palate)	6. 前舌 (the front of the tongue)
3. 軟口蓋 (velum または soft palate)	7. 後舌 (the back of the tongue)
4. 口蓋垂 (uvula)	8. 声帯 (vocal cords)

　英語と日本語では発声の仕方も異なっている．英語は日本語よりも強い息を使って発音される言語である．そこで英語を発音するときには腹式呼吸を用い，お腹からしっかり声を出さなければならない．

◆ 母音について

　母音は次の3つの要素によって音が決定づけられる.

① 口がどのくらい大きく開いているか（舌の高さ）　　　※口蓋から舌がどれくらい離れているか
② 舌のどの部分が一番高くなっているか（舌の位置）
③ 唇が丸くなっているかどうか（唇の形）

　口を軽く開いて「あー」という声を出しながら，あごを上下させてみよう．あごの位置を下げて口の開きを大きくしたり，あごの位置を上げて口の開きを小さくすると，口の開きに応じて音は変化する．またあごの高さは変えないで同じように声を出しながら，今度は舌を下の歯の裏に押しあてたり，喉の方に引き寄せたりして舌の前後の位置を変えてみよう．やはり音は変化するはずである．さらに「あー」という声を出しながら唇を丸めてみると，唇を丸めていないときとは違う音になることがわかる．これら3つの要素が組み合わさって，母音の音色は作られる.

　舌の前の方が高い母音は，舌を口の中で前に押し出すようにして発音される．これを**前舌母音**という．逆に舌の後ろの方が高い母音は，舌を後ろに引き寄せるようにして発音される．これを**後舌母音**という．前に押し出したり後ろに引き寄せたりしないで，ごく普通にしているとき舌は口の真ん中に収まっているが，舌の（前後の）位置がその状態にある母音を**中舌母音**という.

<図2：英語の母音>

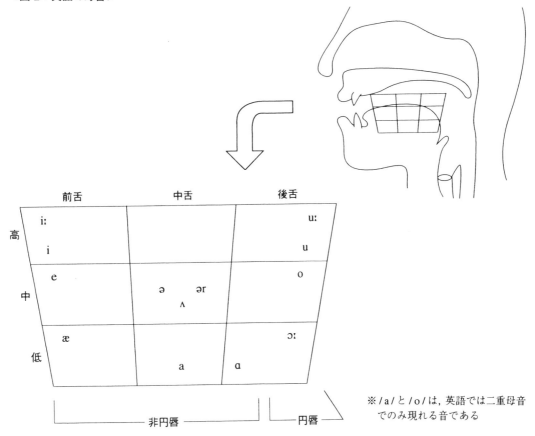

　※ /a/ と /o/ は，英語では二重母音でのみ現れる音である

Practice 1　前舌母音 (front vowels)

①　/ iː /

　舌先を下の歯の裏にあて前舌を口蓋の近くまでもち上げる．唇の両端を横に引っ張るようにして息を出す．この音を発音するときには唇も舌も緊張している．あごの下に手をあてると筋肉が緊張しているのが感じられる．

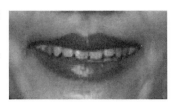

each [íːtʃ]　　seat [síːt]　　meet [míːt]　　week [wíːk]　　tea [tʰíː]

②　/ i /

　舌先を下の歯の裏にあて，舌の高さを / iː / よりも少しだけ下げる．/ iː / を発音するときよりも唇と舌の緊張をゆるめて発音する．息を出すときにも唇の両端を横に引っ張らない．/ iː / とは音の長さだけでなく，唇や舌の緊張の具合が異なるので / iː / を短く発音したもので代用しないこと．

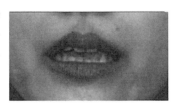

ink [íŋk]　pick [pʰík]　give [gív]　sit [sít]　miss [mís]　easy [íːzi]

③　/ e /

　舌の高さを日本語の「エ」よりも少し下げる．舌先を下の歯の裏に押しあて，そのまま舌を前方に押し出すようにして息を出す．

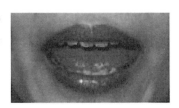

end [énd]　guess [gés]　very [véri]　head [héd]　when [wén]

④　/ æ /

　舌先を下の歯の裏に押しあて，/ e / のときよりもさらに舌を下げて口を大きく開く．その状態のまま，口を横にも広げて発音する．日本語を母語とする学習者は，cat / kæt / のように / k / の後ろにこの母音が続く場合，日本語の「キャ / kja /」と発音してしまうことが多いので気をつけること．/ kæ / は / kja / よりも舌の位置が前にくる．

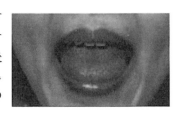

ask [ǽsk]　　dad [dǽd]　　class [klǽs]　　thank [θǽŋk]　　last [lǽst]

Let's Listen! CD 3-6

Step 1: CD を聞き，発音してみましょう．

1. eat – it
[íːt] – [ít]

2. feet – fit
[fíːt] – [fít]

3. feel – fill
[fíːɫ] – [fíɫ]

4. leave – live
[líːv] – [lív]

5. reach – rich
[ríːtʃ] – [rítʃ]

6. pet – pat
[pʰét] – [pʰǽt]

7. pen – pan
[pʰén] – [pʰǽn]

8. beg – bag
[bég] – [bǽg]

9. said – sad
[séd] – [sǽd]

10. send – sand
[sénd] – [sǽnd]

Step 2: / iː / / i / / e / / æ / に注意し，CD を聞き，発音されたほうの発音記号を○で囲みましょう．

1. [fíːt] – [fít]
2. [líːv] – [lív]
3. [íːt] – [ít]
4. [ríːtʃ] – [rítʃ]
5. [fíːɫ] – [fíɫ]

6. [pʰén] – [pʰǽn]
7. [séd] – [sǽd]
8. [pʰét] – [pʰǽt]
9. [sénd] – [sǽnd]
10. [bég] – [bǽg]

Step 3: CD を聞き，（　　）に単語を書き入れましょう．次に / iː / / i / / e / / æ / に注意しながら読んでみましょう．

1. He will (　　　　　　) here.
2. Will you (　　　　　　) home on time?
3. (　　　　　　) the box with books.
4. I need to buy a (　　　　　).
5. I (　　　　　) your pardon?
6. (　　　　　) (　　　　　) all!
7. These shoes (　　　　　) my (　　　　　).
8. Can I (　　　　　) your (　　　　　) on the back?
9. They (　　　　) it was (　　　　).
10. She'll (　　　　) a (　　　　) of (　　　　).

Step 4: CD を聞き，下線部に / iː / / i / / e / / æ / のどの音が入るかを選び，書いてみましょう．また単語のスペリングを書いてみましょう．

(例) [tʰ íː tʃ] ⇒ (teach)

1. [h ___ t] ⇒ (　　　　　)
2. [pʰ___ k] ⇒ (　　　　　)
3. [f ___ n] ⇒ (　　　　　)

4. [l ___ nd] ⇒ (　　　　　)
5. [m ___ t] ⇒ (　　　　　)
6. [h ___ d] ⇒ (　　　　　)

※ [ɫ] (dark L) ☞ Practice 10
　[ʰ] (aspiration) ☞ Practice 6

Practice 2　後舌母音 (back vowels)

① / uː /

　唇を突き出して，しっかりと丸める．のどの奥から声を出すつもりで発音する．唇も舌も緊張している．

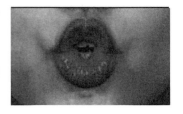

　pool [pʰúːɫ]　food [fúːd]　juice [dʒúːs]　use [júːs]　do [dúː]

② / u /

　口を / uː / より少しだけ大きく開き，のどの奥から声を出すつもりで発音する．/ uː / よりも緊張はゆるめるが唇は丸める．この母音と / uː / とでは，音の長さだけでなく，唇や舌の緊張の具合が異なるので，/ uː / を短く発音したもので代用しないこと．

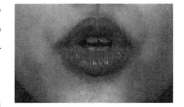

　book [búk]　good [gúd]　shook [ʃúk]　hook [húk]　look [lúk]

③ / ɔː /

　唇を丸めて尖らせ，あごをしっかり下げて口を縦に大きく開ける．日本語の「オ」よりもあごの位置はずっと低い．舌先は下の歯の付け根から後ろにずれている．のどの奥のほうから声を出すつもりで発音する．発音している途中で口の開け方が小さくならないように注意すること．

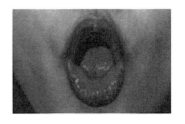

　ought [ɔ́ːt]　talk [tʰɔ́ːk]　foreign [fɔ́ːrən]　sought [sɔ́ːt]　law [lɔ́ː]

④ / ɑ /

　他の後舌母音と違い，/ ɑ / は唇を丸めないで発音する．/ ɔː / と同様にあごをしっかり下げ，のどの奥のほうから声を出すつもりで発音する．/ ɑ / は他のどの母音よりも口の開き方が大きい．/ ɔː / との大きな違いは舌の高さよりも唇を丸めるかどうかである．

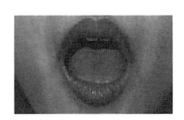

　odd [ɑ́d]　box [bɑ́ks]　socks [sɑ́ks]　hot [hɑ́t]　want [wɑ́nt]

Let's Listen! CD 8-11

Step 1: CD を聞き，発音してみましょう．

1. pool – pull   2. fool – full   3. who'd – hood   4. add – odd   5. band – bond
[pʰúːɫ] – [pʰúɫ]   [fúːɫ] – [fúɫ]   [húːd] – [húd]   [ǽd] – [ád]   [bǽnd] – [bánd]

6. black – block   7. tap – top   8. cat – cot   9. map – mop   10. hat – hot
[blǽk] – [blák]   [tʰǽp] – [tʰáp]   [kʰǽt] – [kʰát]   [mǽp] – [máp]   [hǽt] – [hát]

Step 2: / uː / / u / / a / に注意し，CD を聞き，発音されたほうの発音記号を○で囲みましょう．

1. [fúːɫ] – [fúɫ]   2. [ǽd] – [ád]   3. [pʰúːɫ] – [pʰúɫ]   4. [bǽnd] – [bánd]   5. [húːd] – [húd]

6. [tʰǽp] – [tʰáp]   7. [mǽp] – [máp]   8. [blǽk] – [blák]   9. [hǽt] – [hát]   10. [kʰǽt] – [kʰát]

Step 3: CD を聞き，（　　　）に単語を書き入れましょう．次に / uː / / u / / a / に注意しながら読んでみましょう．

1. I need a (　　　　　)．

2. Push and (　　　　　)．

3. He's a (　　　　　)．

4. I'm (　　　　　)．

5. (　　　　　) taken my (　　　　　)?

6. (　　　　　) an (　　　　　) number．

7. Are there any (　　　　　) (　　　　　)?

8. I saw a (　　　　　) under the (　　　　　)．

9. It's (　　　　　)．I need a (　　　　　)!

10. (　　　　　) on the (　　　　　)．

Step 4: CD を聞き，下線部に / uː / / u / / ɔː / / a / のどの音が入るかを選び，書いてみましょう．
また単語のスペリングを書いてみましょう．

1. [pʰ ＿＿ t] ⇒（　　　　　） 2. [sp ＿＿ n] ⇒（　　　　　） 3. [b ＿＿ t] ⇒ （　　　　　）

4. [＿＿ n] ⇒（　　　　　） 5. [θ ＿＿ t] ⇒（　　　　　） 6. [st ＿＿ p] ⇒（　　　　　）

Practice 3 中舌母音 (central vowels)

① /ə/

　この母音はあいまい母音 (schwa) と呼ばれるが，名前のとおり，常に弱く短くあいまいに発音される．口の力を抜き，口を軽く開いた状態で軽く音を出す．

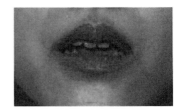

an [ən]　asleep [əslíːp]　away [əwéi]　some [səm]　for [fə]

② /ʌ/

　/ʌ/ は，/ə/ が強く発音されたときの音である．舌の前後の位置は /ə/ と同じで，口の開き方もあまり大きくないが，強く発音される分だけ /ə/ よりも少し大きく開かれる．

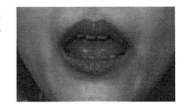

up [ʌp]　cut [kʰʌt]　much [mʌtʃ]　just [dʒʌst]　young [jʌŋ]

③ /ɚ/

　口を軽く開いた状態で，舌先を上に向け，力を入れて後ろに反り返らせる．舌先が口内のどの部分にも触れないように気をつけること．唇を軽く丸めると発音しやすい．/ɚ/ は 2 つの記号を用いているが 1 つの母音である．

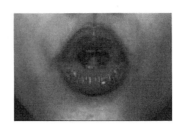

earth [ɚ́rθ]　dirt [dɚ́rt]　first [fɚ́rst]　heard [hɚ́rd]　sir [sɚ́r]

</ɚ/ のもうひとつの発音>

　/ɚ/ には舌先を上に向けない発音の仕方もある．その場合は，舌先を下に向けたまま，舌の両側を上あご（上奥歯の歯茎）に押し付けるようにして発音する．舌先を上あごにつけないように気をつけること．どちらの発音の仕方をしても音色はほとんど同じである．

Let's Listen! CD 13-16

Step 1: CD を聞き，発音してみましょう．

1. ankle – uncle
   [ǽŋkəɫ] – [ʌ́ŋkəɫ]

2. bag – bug
   [bǽg] – [bʌ́g]

3. staff – stuff
   [stǽf] – [stʌ́f]

4. mad – mud
   [mǽd] – [mʌ́d]

5. cluck – clock
   [klʌ́k] – [klák]

6. nut – not
   [nʌ́t] – [nát]

7. stuck – stock
   [stʌ́k] – [sták]

8. rub – rob
   [rʌ́b] – [ráb]

9. cap – cup – cop
   [kʰǽp] – [kʰʌ́p] – [kʰáp]

10. hat – hut – hot
    [hǽt] – [hʌ́t] – [hát]

11. lack – luck – lock
    [lǽk] – [lʌ́k] – [lák]

Step 2: / ʌ / に注意し，CD を聞き，発音されたほうの発音記号を○で囲みましょう．

1. [bǽg] – [bʌ́g]　2. [mǽd] – [mʌ́d]　3. [klʌ́k] – [klák]　4. [stǽf] – [stʌ́f]　5. [ǽŋkəɫ] – [ʌ́ŋkəɫ]

6. [stʌ́k] – [sták]　7. [nʌ́t] – [nát]　8. [rʌ́b] – [ráb]　9. [lǽk] – [lʌ́k]　10. [kʰʌ́p] – [kʰáp]

11. [hʌ́t] – [hát]　12. [lʌ́k] – [lák]　13. [hǽt] – [hʌ́t]　14. [lǽk] – [lák]　15. [kʰǽp] – [kʰáp]

Step 3: CD を聞き，（　　　）に単語を書き入れましょう．次に / ʌ / に注意しながら読んでみましょう．

1. Don't (　　　　　　　) your hands so hard.

2. My (　　　　　　) members got their (　　　　　　　).

3. She found a (　　　　　　) in the (　　　　　　).

4. Good (　　　　　) on (　　　　　　) the broken door!

5. Nothing is (　　　　　　) in our (　　　　　).

6. Her (　　　　　) hurt his (　　　　　　) while running.

7. I got (　　　　　) when I got (　　　　　) in the (　　　　　　).

8. The (　　　　　) had a (　　　　　　) of coffee in the (　　　　　).

Step 4: CD を聞き，下線部に / ə / / ʌ / / ər / のどの音が入るかを選び，書いてみましょう．また単語のスペリングを書いてみましょう．

1. [___ p] ⇒ (　　　　　　)　2. [___ wéi] ⇒ (　　　　　　)　3. [s ___ n] ⇒ (　　　　　　)

4. [pʰ ___ s] ⇒ (　　　　　　)　5. [___ tʰǽtʃ] ⇒ (　　　　　　)　6. [ʃ ___ t] ⇒ (　　　　　　)

Practice 4 二重母音 (diphthongs) (1)

二重母音とは，2つの音色からなる母音である．2つの音色でできているが，あくまでも<u>1つの母音</u>である．1つめの音から2つめの音に移るときは，息を吐きながら，あごの高さ，舌の位置，唇の形だけをスムーズに動かして音を切らずに音色を変える．1つめの音のほうが強くて長めだが，2つめの音もはっきり聞こえるように発音すること．

① / ei /

/ e / の音を発音し，息を吐きながらあごを上げて / i / の音に移る．移動させるのはあごの高さだけである．

eight [éit]　great [gréit]　name [néim]　late [léit]　stay [stéi]　today [tədéi]

② / ai /

日本語の「ア」よりも舌を少し下げて発音する．そこから息を吐きながら唇を横に引き，あごを上げて / i / の音に移る．

ice [áis]　time [tʰáim]　five [fáiv]　nice [náis]　right [ráit]　by [bái]

③ / au /

/ ai / の場合と同様に / a / を発音する．そこから息を吐きながらあごを上げ，舌先を下の歯の付け根から後ろに引き寄せ，同時に唇を丸めて / u / の音に移る．

out [áut]　powder [pʰáudər]　brown [bráun]　down [dáun]　how [háu]　now [náu]

④ / ou /

/ o / は / ɔː / ほどには口を大きく開かないが，同じように唇を丸め，舌先を下の歯の付け根から後ろに引き寄せ発音する．そこから息を吐きながらあごを上げて / u / の音に移る．唇は丸めたまま，あごの高さだけをしっかり変えること．

oh [óu]　don't [dóunt]　vote [vóut]　home [hóum]　nose [nóuz]　go [góu]

⑤ / ɔi /

唇を丸め，あごをしっかり下げて口を縦に大きく開いて / ɔ / を発音した後，息を吐きながらあごを上げ，同時に唇を横に広げて / i / の音に移る．この二重母音は唇の形も舌の高さも前後の位置もすべて変わるので音が切れないように特に気をつけること．

oyster [ɔ́istər]　noise [nɔ́iz]　voice [vɔ́is]　join [dʒɔ́in]　boy [bɔ́i]　enjoy [indʒɔ́i]

Let's Listen! CD ○ 18-21

Step 1: CD を聞き，発音してみましょう．

1. pen – pain   2. test – taste   3. debt – date   4. get – gate   5. sell – sale

[pʰén] – [pʰéin] [tʰést] – [tʰéist] [dét] – [déit] [gét] – [géit] [séɫ] – [séiɫ]

6. let – late   7. boat – bought   8. bowl – ball   9. coat – caught   10. woke – walk

[lét] – [léit] [bóut] – [bɔ́ːt] [bóuɫ] – [bɔ́ːɫ] [kʰóut] – [kʰɔ́ːt] [wóuk] – [wɔ́ːk]

Step 2: / ei / / ou / に注意し，CD を聞き，発音されたほうの発音記号を○で囲みましょう．

1. [tʰést] – [tʰéist] 2. [gét] – [géit]   3. [pʰén] – [pʰéin] 4. [séɫ] – [séiɫ] 5. [lét] – [léit]

6. [dét] – [déit] 7. [wóuk] – [wɔ́ːk] 8. [bóuɫ] – [bɔ́ːɫ] 9. [bóut] – [bɔ́ːt] 10. [kʰóut] – [kʰɔ́ːt]

Step 3: CD を聞き，（   ）に単語を書き入れましょう．次に / ei / / ou / に注意しながら読んでみましょう．

1. I'll (   ) it!

2. May I borrow your (   )?

3. My (   ) was waiting at the (   ).

4. The (   ) is now on (   ).

5. I (   ) up and began to (   ).

6. She filled the (   ) with small (   ).

7. He (   ) his (   ) and ran out.

8. Pay your (   ) by the due (   ).

9. (   ) me explain why I was (   ).

10. I felt (   ) before the (   ).

Step 4: CD を聞き，下線部に / ei / / ai / / au / / ou / / ɔi / のどの音が入るかを選び，書いてみましょう．また単語のスペリングを書いてみましょう．

1. [tʰ ___ ɫ] ⇒ (   ) 2. [f ___ ɫ] ⇒ (   ) 3. [___ t] ⇒ (   )

4. [tʃ ___ s] ⇒ (   ) 5. [m ___ k] ⇒ (   ) 6. [dʒ ___] ⇒ (   )

7. [sp ___ k] ⇒ (   ) 8. [tʰ ___ n] ⇒ (   ) 9. [tʰ ___] ⇒ (   )

Practice 5　/ ɚ / を含んだ二重母音 (diphthongs) (2)

/ iɚ /,　/ eɚ /,　/ uɚ /,　/ ɔɚ /,　/ ɑɚ /

　3つの記号を用いて表されているが，これらもそれぞれ1つの母音である．Practice 1, 2 を参考にして / i /, / e /, / u /, / ɔ /, / ɑ / の口の形をしっかり作る．そこから舌を後ろに反らして / ɚ / に移る．1つ目の音 / i /, / e /, / u /, / ɔ /, / ɑ / では舌先は下を向いているが，/ ɚ / に移るときには，舌先を上にもち上げ，後ろに向けて反り返らせる．舌を反らせるタイミングと，唇の形や舌の高さを変えるタイミングがずれてしまうと，2つめの音色がはっきりしなくなる．これらの動きが同時にスムーズにできるように練習すること．舌を反らしていったん / ɚ / の音色に移った後は，舌を動かさないこと．

/ iɚ /　　　　/ eɚ /　　　　/ uɚ /　　　　/ ɔɚ /　　　　/ ɑɚ /

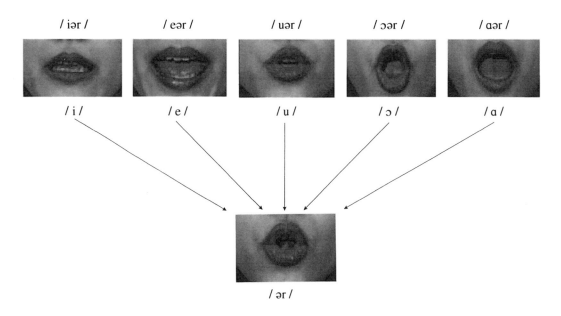

/ i /　　　　　/ e /　　　　　/ u /　　　　　/ ɔ /　　　　　/ ɑ /

/ ɚ /

/ iɚ /	：beer [bíɚ]	dear [díɚ]	here [híɚ]	shear [ʃíɚ]	ear [íɚ]
/ eɚ /	：bear [béɚ]	there [ðéɚ]	hair [héɚ]	share [ʃéɚ]	air [éɚ]
/ uɚ /	：boor [búɚ]	moor [múɚ]	lure [lúɚ]	sure [ʃúɚ]	your [júɚ]
/ ɔɚ /	：bore [bɔ́ɚ]	more [mɔ́ɚ]	door [dɔ́ɚ]	shore [ʃɔ́ɚ]	or [ɔ́ɚ]
/ ɑɚ /	：bar [bɑ́ɚ]	start [stɑ́ɚt]	heart [hɑ́ɚt]	shard [ʃɑ́ɚd]	are [ɑ́ɚ]

Let's Listen! CD ◯ 23-25

Step 1: CD を聞き，発音してみましょう.

1. purse – parse　　2. burn – barn　　3. dirt – dart　　4. curtain – carton　　5. fur – far
[pʰə́rs] – [pʰáərs]　[bə́rn] – [báərn]　[də́rt] – [dáərt]　[kʰə́rtən] – [kʰáərtən]　[fə́r] – [fáər]

6. firm – farm　　7. further – farther　　8. stir – star　　9. hurt – heart　　10. heard – hard
[fə́rm] – [fáərm]　[fə́rðər] – [fáərðər]　[stə́r] – [stáər]　[hə́rt] – [háərt]　[hə́rd] – [háərd]

Step 2: / aər / に注意し，CD を聞き，発音されたほうの発音記号を◯で囲みましょう.

1. [fə́rðər] – [fáərðər]　　2. [də́rt] – [dáərt]　　3. [hə́rd] – [háərd]　　4. [hə́rt] – [háərt]

5. [stə́r] – [stáər]　　6. [bə́rn] – [báərn]　　7. [pʰə́rs] – [pʰáərs]　　8. [fə́r] – [fáər]

9. [fə́rm] – [fáərm]　　10. [kʰə́rtən] – [kʰáərtən]

Step 3: CD を聞き，（　　）に単語を書き入れましょう（Step 1 & 2 にはない語も使われる）.
　　　　次に / iər / / eər / / uər / / ɔər / / aər / に注意しながら読んでみましょう.

1. He used to (　　　　　) (　　　　　).
2. (　　　　　) it (　　　　　)!
3. (　　　　　) is your (　　　　　).
4. Can I (　　　　　) it (　　　　　)?
5. Are you (　　　　　) you like this (　　　　　)?
6. I had my (　　　　　) (　　　　　).
7. She broke his (　　　　　) and (　　　　　) his feelings.
8. She (　　　　　) her (　　　　　) (　　　　　).
9. (　　　　　) the (　　　　　) (　　　　　).
10. The (　　　　　) is (　　　　　) (　　　　　) old.

Step 4: Step 3 で（　　）に入れた語を，母音によりグループ分けをしてみましょう.

（例）
/ ər / :　work,_____
/ iər / : _____
/ eər / : _____
/ uər / : _____
/ ɔər / : _____
/ aər / : _____

Unit 1　Vowels and Consonants　15

空気の流れに対して妨害や制限が加えられないものが母音であるのに対し，空気の流れに何らかの妨害や制限が加えられるものが子音である．その妨害や制限がどこで加えられているか，またどのような制限が加えられているのかによって子音の音色は決定づけられる．

子音の音を決定づける要素は次の3つである．

① 声帯が振動しているかどうか（有声と無声）
② 空気の流れに対して口のどこで妨害や制限が加えられるか（調音点）
③ 空気の流れに対してどのような妨害や制限が加えられるか（調音法）

「声帯が振動している」というのはどういうことだろうか．日本語の「す」と「ず」の音を発音して比べてみよう．喉に軽く手をあててこれらの音をゆっくり発音してみると，「ず」は発音と同時に振動が始まるが，「す」は振動が少し遅れて始まる．これは「ず / zu /」の場合には子音 / z / の音を発音するときから声帯が振動しているのに対して，「す / su /」の場合には，子音の部分 / s / では声帯が振動しておらず，後ろの母音が発音されるときに声帯の振動が始まっているからである．声帯を震わせて発音する音を**有声音 (voiced)**，声帯を震わせないで発音する音を**無声音 (voiceless)** という．

空気の流れに制限が加えられる場所を**調音点 (point of articulation)** という．また加えられる制限の種類を**調音法 (manner of articulation)** という．次ページの子音の表では，縦の各列は調音点が同じ音，横の各段は調音法が同じ音である．

＜有声音と無声音＞

日本語話者は子音だけを発音することに慣れていない．従って，普段発音している音の中から子音だけを発音して声帯が震えているかどうかを意識するのは難しい．そこで，日本語では有声音と無声音が濁点で区別されていることを参考にするとわかりやすい．

「カ行」，「サ行」，「タ行」，「ハ行」，「パ行」のように濁点のない音の子音部分は無声音である．それに対して「ガ行」，「ザ行」，「ダ行」，「バ行」のように濁点のある音の子音部分は有声音である．また，「ナ行」，「マ行」，「ヤ行」，「ラ行」，「ワ行」のように，最初から濁点がつけられない音の子音部分はいずれも有声音である．母音も有声音である．

英語の子音

調音法 \ 調音点	両唇音 (bilabial) 無声/有声	唇歯音 (labio-dental) 無声/有声	歯音 (dental) 無声/有声	歯茎音 (alveolar) 無声/有声	後部歯茎音 (post-alveolar) 無声/有声	硬口蓋音 (palatal) 無声/有声	軟口蓋音 (velar) 無声/有声	声門音 (glottal) 無声/有声
閉鎖音 (stop)	/p/, /b/			/t/, /d/			/k/, /g/	
摩擦音 (fricative)		/f/, /v/	/θ/, /ð/	/s/, /z/	/ʃ/, /ʒ/			/h/
破擦音 (affricate)					/tʃ/, /dʒ/			
鼻音 (nasal)	/m/			/n/			/ŋ/	
側音 (lateral)				/l/				
半母音 (semivowel)	/w/				/r/	/j/		

Practice 6　閉鎖音 (stops)

　息の流れを調音点で一旦完全に止めて，それが開放されたときに一気に息を出して発音するのが**閉鎖音**である．英語の閉鎖音は日本語の閉鎖音よりも強く息を出す．

① **/ p /, / b /**

　調音点は両唇．日本語の「パ行」，「バ行」を発音するときのように唇を一旦しっかり閉じ，唇を開いたときに一気に息を出す．

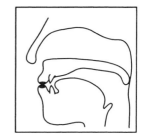

/ p / : pen [pʰén]　put [pʰút]　paper [pʰéipər]　stop [stáp]

/ b / : busy [bízi]　bet [bét]　baby [béibi]　job [dʒáb]

② **/ t /, / d /**

　調音点は歯茎．舌先を上の歯茎に押しあて，舌先を歯茎からはずすと同時に一気に息を出す．

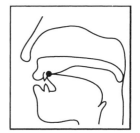

/ t / : team [tʰíːm]　take [tʰéik]　study [stʌ́di]　get [gét]

/ d / : dinner [dínər]　day [déi]　binder [báindər]　mind [máind]

③ **/ k /, / g /**

　調音点は軟口蓋．後舌を軟口蓋にあて，舌を軟口蓋からはずすと同時に一気に息を出す．日本語の「カ行」，「ガ行」と調音点は同じ．

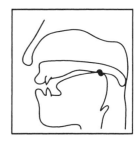

/ k / : cake [kʰéik]　class [klǽs]　unkind [ʌnkʰáind]　talk [tʰɔ́ːk]

/ g / : get [gét]　going [góuiŋ]　biggest [bígəst]　dog [dág]

　＜アスピレーション (aspiration)＞

　無声閉鎖音 / p /, / t /, / k / は，その直後に第1強勢あるいは第2強勢を受ける母音がある場合，いっそう強い息を伴って発音される（あるいは pure [pʰjúər], twin [tʰwín], cry [kʰrái] のように間に半母音をはさんだ直後）．この強い息を**アスピレーション**という．アスピレーションを伴う場合には右上に小さい ʰ をつけて，それぞれ [pʰ], [tʰ], [kʰ] と表す．口の前に薄い紙をぶら下げ，それが揺れるようにしっかり息を出す練習をしよう．ただし，/ p /, / t /, / k / の直前に / s / の音がある場合にはアスピレーションを伴わない．

　アスピレーションが起こる例　　：suppose [səpʰóuz]　case [kʰéis]　top [tʰáp]

　アスピレーションが起こらない例：perform [pərfɔ́rm]　skate [skéit]　letter [létər]

Let's Listen! CD 27-30

Step 1: CD を聞き，発音してみましょう．

1. pay – bay
[pʰéi] – [béi]

2. pair – bear
[pʰéər] – [béər]

3. simple – symbol
[símpəɫ] – [símbəɫ]

4. rope – robe
[róup] – [róub]

5. try – dry
[tʰrái] – [drái]

6. latter – ladder
[lǽtər] – [lǽdər]

7. bat – bad
[bǽt] – [bǽd]

8. curl – girl
[kʰə́rɫ] – [gə́rɫ]

9. coat – goat
[kʰóut] – [góut]

10. cart – card
[kʰάart] – [kʰάard]

11. pick – pig
[pʰík] – [pʰíg]

12. back – bag
[bǽk] – [bǽg]

Step 2: / p / / b / / t / / d / / k / / g / に注意し，CD を聞き，発音されたほうの発音記号を○で囲みましょう．

1. [símpəɫ] – [símbəɫ]
2. [pʰéi] – [béi]
3. [róup] – [róub]
4. [pʰéər] – [béər]

5. [bǽt] – [bǽd]
6. [lǽtər] – [lǽdər]
7. [tʰrái] – [drái]
8. [kʰάart] – [kʰάard]

9. [kʰóut] – [góut]
10. [bǽk] – [bǽg]
11. [kʰə́rɫ] – [gə́rɫ]
12. [pʰík] – [pʰíg]

Step 3: CD を聞き，（　　）に単語を書き入れましょう．次に / p / / b / / t / / d / / k / / g / に注意しながら読んでみましょう．

1. He bought a (　　　　　　).

2. I found a (　　　　　　) under my (　　　　　　).

3. Your (　　　　　　) is behind your (　　　　　　).

4. Please hang out my (　　　　　　) over the (　　　　　　)!

5. (　　　　　　) this (　　　　　　) cereal. It's good!

6. The (　　　　　　) (　　　　　　) lost their (　　　　　　).

7. Here is the happy (　　　　　　) of (　　　　　　) (　　　　　　).

Step 4: CD を聞き，聞き取った音を発音記号で書き表してみましょう．また単語のスペリングを書いてみましょう．

（例）[　　pʰάt　　] ⇒ (　　pot　　)

1. [　　　　　　] ⇒ (　　　　　　)　　2. [　　　　　　] ⇒ (　　　　　　)

3. [　　　　　　] ⇒ (　　　　　　)　　4. [　　　　　　] ⇒ (　　　　　　)

Practice 7 鼻音 (nasals)

閉鎖音のときと同じ口の形で息の流れを止め，そのまま鼻から息を出すのが**鼻音**である．口から息を出す場合は，口蓋垂が持ち上がって空気が鼻腔へ流れる道をふさいでいる．それに対して鼻音の場合は，口蓋垂が下に下がり，空気が鼻腔に流れる．鼻から声を出すつもりで発音するとよい．

① / m /

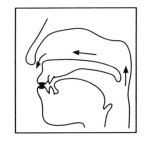

調音点は両唇．/ p /, / b / と同様に唇をしっかりと閉じて，そのまま鼻から声を出すつもりで発音する．この子音が語末にきた場合は特に唇をしっかり閉じること．

miss [mís]　major [méidʒər]　lemon [lémən]　name [néim]

② / n /

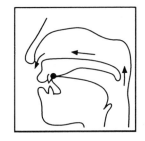

調音点は歯茎．/ t /, / d / と同様に舌先を上の歯茎にしっかり押しあて，そのまま鼻から声を出すつもりで発音する．特にこの音が語末にきた場合には，舌先が歯茎にあたった状態で発音し終わるように気をつけること．日本語では「本」のように「ん」で終わる場合は舌先を歯茎につけないで終わるが，英語の / n / は必ず舌先を歯茎にあてる．

need [níːd]　nice [náis]　no [nóu]　snake [snéik]　pen [pʰén]

③ / ŋ /

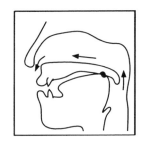

調音点は軟口蓋．/ k /, / g / と同様に後舌を軟口蓋にしっかりくっつけて，そのまま鼻から息を出すつもりで発音する．これは日本語で「インク」と発音するときの「ン」の音である．ng というスペリングのときにはこの音が出てくるが，スペリングに惑わされて，後ろに / g / をつけて発音しないように気をつけること．

long [lɔ́ŋ]　young [jʌ́ŋ]　thing [θíŋ]　bring [bríŋ]　singer [síŋər]

Let's Listen! CD ○ 32-35

Step 1: CD を聞き，発音してみましょう．

1. meet – neat　　2. mine – nine　　3. am – Ann　　4. foam – phone　　5. them – then
[míːt] – [níːt]　　[máin] – [náin]　　[ǽm] – [ǽn]　　[fóum] – [fóun]　　[ðém] – [ðén]

6. home – hone　　7. kin – king　　8. thin – thing　　9. sin – sing　　10. win – wing
[hóum] – [hóun]　　[kʰín] – [kʰíŋ]　　[θín] – [θíŋ]　　[sín] – [síŋ]　　[wín] – [wíŋ]

11. bam – ban – bang　　　12. some – son – sung　　　13. rum – run – rung
[bǽm] – [bǽn] – [bǽŋ]　　[sʌ́m] – [sʌ́n] – [sʌ́ŋ]　　[rʌ́m] – [rʌ́n] – [rʌ́ŋ]

Step 2: / m / / n / / ŋ / に注意し，CD を聞き，発音されたほうの発音記号を○で囲みましょう．

1. [hóum] – [hóun]　2. [máin] – [náin]　3. [ðém] – [ðén]　4. [ǽm] – [ǽn]　　5. [míːt] – [níːt]

6. [fóum] – [fóun]　7. [sín] – [síŋ]　　8. [θín] – [θíŋ]　　9. [kʰín] – [kʰíŋ]　10. [wín] – [wíŋ]

11. [rʌ́m] – [rʌ́n] – [rʌ́ŋ]　　12. [bǽm] – [bǽn] – [bǽŋ]　　13. [sʌ́m] – [sʌ́n] – [sʌ́ŋ]

Step 3: CD を聞き，（　　　）に単語を書き入れましょう．次に / m / / n / / ŋ / に注意しながら読んでみましょう．

1. Making (　　　　　) is fun.
2. She is so (　　　　　　) in the face.
3. Don't (　　　　　) at the door!
4. The number (　　　　) is (　　　　　).
5. We need to (　　　　) (　　　　　).
6. It's a (　　　　) to (　　　　　　) such a song.
7. (　　　　　), I'll take (　　　　　).
8. I need to (　　　　　) to get (　　　　　) (　　　　　).

Step 4: CD を聞き，聞き取った音を発音記号で書き表してみましょう．また単語のスペリングを書いてみましょう．

1. [　　　　　] ⇒ (　　　　　)　2. [　　　　　] ⇒ (　　　　　)

3. [　　　　　] ⇒ (　　　　　)　4. [　　　　　] ⇒ (　　　　　)

Practice 8 摩擦音 (fricatives) (1)

閉鎖音が一旦完全に息の流れを止めてしまうのに対し，狭い隙間を開けて，そこから息をこすらせるように出すのが**摩擦音**である．息を出すときに調音点に息があたるのを感じるはずである．摩擦音は，狭いところから息を出すのでかなり強い息が必要である．十分に息が出ていないと正しく認識されないので，摩擦音を発音する場合には特にしっかりと息を出すこと．

① / f /, / v /

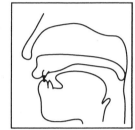

調音点は下唇と上歯．下唇の内側に上の歯を軽くあて，その隙間から息をこすらせるように押し出す．歯を下唇から離す前に息を出すこと．離すのが早すぎると摩擦音にならない．また，上唇が歯にかぶさってしまわないように気をつけること．

/ f / : feed [fíːd]　　first [fə́rst]　photo [fóutou]　gift [gíft]　safe [séif]
/ v / : visit [vízət]　vest [vést]　every [évri]　　give [gív]　five [fáiv]

② / θ /, / ð /

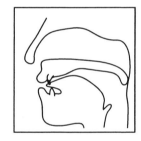

調音点は舌先と上歯．舌の前のほうを上前歯にあて，その隙間からこすらせるようにして強い息を出す．舌を上前歯から離す前に息を出すこと．/ f /, / v / の場合と同様に，離すのが早すぎると摩擦音にならないのでタイミングに気をつけること．

/ θ / : thank [θǽŋk]　three [θríː]　author [ɔ́ːθər]　　path [pʰǽθ]
/ ð / : these [ðíːz]　　that [ðǽt]　brother [brʌ́ðər]　with [wíð]

③ / s /, / z /

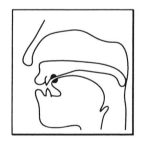

/ t /, / d /, / n / と同じく調音点は歯茎．舌先を上の歯茎に近づけ，前舌の表面と歯茎の裏との隙間から息を押し出す．日本語では「ず」の音が単語の最初にあるときには / dz / で発音されるため，英語で / z / が単語の最初にあるときに舌先が歯茎に触れないようにとくに気をつけること．また / s / や / z / の後ろに母音 / i / が続く場合には，日本語の「シ」や「ジ」の音にならないようにするために，上下の歯を合わせるようにして発音をするとよい．

/ s / : seat [síːt]　sister [sístər]　essay [ésèi]　　　　place [pléis]
/ z / : zip [zíp]　zoom [zúːm]　adviser [ədváizər]　has [hǽz]

Let's Listen! CD 37-40

Step 1: CD を聞き，発音してみましょう.

1. ferry – very　　2. belief – believe　　3. thigh – thy　　4. ether – either　　5. wreath – wreathe
[féri] – [véri]　　　[bilí:f] – [bilí:v]　　[θái] – [ðái]　　[í:θər] – [í:ðər]　　[rí:θ] – [rí:ð]

6. see – "Z"　　7. racer – razor　　8. price – prize　　9. cars – cards – carts
[sí:] – [zí:]　　[réisər] – [réizər]　　[pʰráis] – [pʰráiz]　　[kʰáərz] – [kʰáərdz] – [kʰáərts]

10. vest – best　　11. dove – dub　　12. they – day　　13. then – Zen　　14. thank – sank
[vést] – [bést]　　[dʌ́v] – [dʌ́b]　　[ðéi] – [déi]　　[ðén] – [zén]　　[θǽŋk] – [sǽŋk]

15. tenth – tense　　　16. teeth – teethe – tease　　　17. think – sink – zinc
[tʰénθ] – [tʰéns]　　[tʰí:θ] – [tʰí:ð] – [tʰí:z]　　[θíŋk] – [síŋk] – [zíŋk]

Step 2: / f / / v / / θ / / ð / / s / / z / に注意し，CD を聞き，発音されたほうの発音記号を○で囲みましょう.

1. [bilí:f] – [bilí:v]　2. [féri] – [véri]　3. [rí:θ] – [rí:ð]　4. [θái] – [ðái]　5. [í:θər] – [í:ðər]

6. [dʌ́v] – [dʌ́b]　　7. [vést] – [bést]　8. [ðén] – [zén]　9. [ðéi] – [déi]　10. [θǽŋk] – [sǽŋk]

11. [réisər] – [réizər]　　12. [sí:] – [zí:]　　13. [pʰráis] – [pʰráiz]

14. [kʰáərz] – [kʰáərdz] – [kʰáərts]　　　15. [tʰénθ] – [tʰéns]

16. [θíŋk] – [síŋk] – [zíŋk]　　　17. [tʰí:θ] – [tʰí:ð] – [tʰí:z]

Step 3: CD を聞き，（　　）に単語を書き入れましょう．次に / f / / v / / θ / / ð / / s / / z / に注意しながら読んでみましょう.

1. Don't (　　　　　　) me.

2. This (　　　　　) is the (　　　　　　) one in the store.

3. There are many (　　　　　) and (　　　　　　) outside.

4. I got (　　　　　　) when waiting for the (　　　　　).

5. I (　　　　　) it's going to (　　　　　).

6. (　　　　　) you (　　　　　　) much.

Step 4: CD を聞き，聞き取った音を発音記号で書き表してみましょう．また単語のスペリングを書いてみましょう.

1. [　　　　　　] ⇒ (　　　　　　)　2. [　　　　　　] ⇒ (　　　　　　)

3. [　　　　　　] ⇒ (　　　　　　)　4. [　　　　　　] ⇒ (　　　　　　)

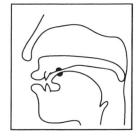

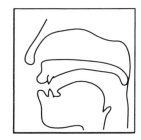

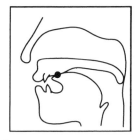

Practice 9　摩擦音 (fricatives) (2) と破擦音 (affricates)

摩擦音

④　/ ʃ /, / ʒ /

　調音点は後部歯茎. 唇を丸くとがらせ, 前舌と歯茎のすぐ後ろ部分 (硬口蓋の前方) との隙間から息を押し出す. / ʒ / を発音する際には, 舌先が歯茎に触れないように気をつけること. / ʃ / は, fish [fíʃ] のように語尾にその音が現れる単語から練習するとマスターしやすい.

/ ʃ /: shop [ʃáp]　　show [ʃóu]　　station [stéiʃən]　　fish [fíʃ]
/ ʒ /: vision [víʒən]　leisure [léʒər]　treasure [tʰréʒər]　rouge [rúːʒ]

⑤　/ h /

　「はぁ〜」とため息をつくときのような息の出し方で発音する. 日本語の「フ」を発音するときには息が唇にあたるが, / h / の場合には発音するときに息が口蓋全体にあたる.

hot [hát]　heard [hə́rd]　home [hóum]　here [híər]　rehearse [rihə́rs]

破擦音

　閉鎖音と摩擦音が合わさった音を**破擦音**という. つまり, 息の流れは閉鎖音と同じように一旦全く止めるが, 開放された後で一気に息を出す閉鎖音の場合とは違い, 摩擦音のように息を調音点にこすらせるようにして出す.

/ tʃ /, / dʒ /

　調音点は後部歯茎. 舌先を歯茎の後ろにあてて息の流れを一旦止める. これが閉鎖音の部分である. 舌先を離すと同時に, / ʃ / や / ʒ / と同じように前舌と歯茎のすぐ後ろ部分との間から息をこすらせるように押し出す. これが摩擦音の部分である. はじめから唇は丸めておくが, 息を出すときには丸めた唇を突き出すようにすると発音しやすい.

/ tʃ /: cheese [tʃíːz] church [tʃə́rtʃ] pitching [pʰítʃiŋ] much [mʌ́tʃ]
/ dʒ /: just [dʒʌ́st]　enjoy [indʒɔ́i]　college [kʰálidʒ] challenge [tʃǽləndʒ]

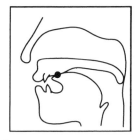

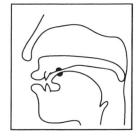

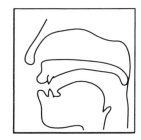

Let's Listen! CD ○ 42-45

Step 1: CD を聞き，発音してみましょう.

1. see – she
[síː] – [ʃíː]

2. lease – leash
[líːs] – [líːʃ]

3. hi – eye
[hái] – [ái]

4. here – ear
[híər] – [íər]

5. choke – joke
[tʃóuk] – [dʒóuk]

6. rich – ridge
[rítʃ] – [rídʒ]

7. tease – cheese
[tʰíːz] – [tʃíːz]

8. beat – beach
[bíːt] – [bíːtʃ]

9. zip – gyp
[zíp] – [dʒíp]

10. chains – change
[tʃéinz] – [tʃéindʒ]

11. pleasure – pledger
[pléʒər] – [plédʒər]

12. seat – sheet – cheat
[síːt] – [ʃíːt] – [tʃíːt]

13. sin – shin – tin – chin – gin
[sín] – [ʃín] – [tʰín] – [tʃín] – [dʒín]

Step 2: / ʃ / / ʒ / / h / / tʃ / / dʒ / に注意し，CD を聞き，発音されたほうの発音記号を○で囲みましょう.

1. [síː] – [ʃíː]　　2. [híər] – [íər]　　3. [líːs] – [líːʃ]　　4. [hái] – [ái]　　5. [rítʃ] – [rídʒ]

6. [tʃóuk] – [dʒóuk]　7. [zíp] – [dʒíp]　8. [tʰíːz] – [tʃíːz]　9. [bíːt] – [bíːtʃ]　10. [tʃéinz] – [tʃéindʒ]

11. [pléʒər] – [plédʒər]　　12. [síːt] – [ʃíːt] – [tʃíːt]　13. [sín] – [ʃín] – [tʰín]　14. [tʃín] – [dʒín]

Step 3: CD を聞き，（　）に単語を書き入れましょう. 次に / ʃ / / ʒ / / h / / tʃ / / dʒ / に注意しながら読んでみましょう.

1. (　　　　　)!

2. I need a big (　　　　　) of paper.

3. (　　　　　) couldn't (　　　　　) any sheep.

4. Don't (　　　　　)! That's my (　　　　　)!

5. He (　　　　　) the mouse with a piece of (　　　　　).

6. It's a (　　　　　) to hear a (　　　　　).

7. There is a (　　　　　) house on the (　　　　　).

8. This (　　　　　) of events has (　　　　　) my life.

Step 4: CD を聞き，聞き取った音を発音記号で書き表してみましょう. また単語のスペリングを書いてみましょう.

1. [　　　　　] ⇒ (　　　　　)　2. [　　　　　] ⇒ (　　　　　)

3. [　　　　　] ⇒ (　　　　　)　4. [　　　　　] ⇒ (　　　　　)

Practice 10　側音 (lateral) と半母音 (semivowels)

側音　舌の横側を通って空気が出る音を**側音**という.

/ l /

調音点は歯茎. 舌先を上の歯茎にしっかりと押し
あて, そのまま息を舌の両側から出して発音する.
日本語の「ラ行」の子音は, 舌先のあたる位置が歯茎
よりも後ろで, そこに舌を弾きあてるようにして発
音するが, / l / を発音するときは舌先を弾かせない
で, ゆっくり歯茎から離すこと.

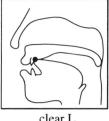
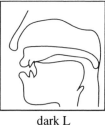

clear L　　　　　　　dark L

> **＜clear L と dark L＞**
> 　/ l / には **clear L** と **dark L** の 2 種類の音がある. これらは後ろに続く音によって使い分
> けられる. clear L は直後に母音または半母音 / j / が続いた場合, dark L はそれ以外の場合
> に使われる. dark L は [ɫ] と書き表す. 上記の / l / の発音の仕方は clear L である.
> 　dark L は, 口をわずかに丸くして後舌を少しもち上げて発音する.

clear L : let [lét]　　　　　lazy [léizi]　　　　collect [kəlékt]　dislike [disláik]　Italian [itʰǽljən]
dark L : always [ɔ́ːɫweiz]　culture [kʰʌ́ɫtʃər]　milk [míɫk]　　bill [bíɫ]　　file [fáiɫ]

半母音　空気の流れがほとんど妨害されず, 音としてはかなり母音に近い子音を**半母音**という.

① / w /

調音点は両唇. 唇に力を入れてしっかり丸める. そこから力を抜いたと
きの音が / w / の音である. 日本語の「ワ」を発音するときよりももっと丸
めること.

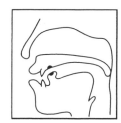

would [wud]　walk [wɔ́ːk]　swear [swéər]　twenty [tʰwénti]

② / r /

調音点は歯茎の少し後ろ. 舌先を上に向け, 口内のどの部分にも触れさ
せないように気をつけながら力を入れて後ろに反り返らせる. 唇は軽く丸
める.

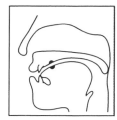

read [ríːd]　really [ríːəli]　run [rʌ́n]　right [ráit]　screen [skríːn]

③ / j /

調音点は硬口蓋. 舌先を下の前歯に軽くつけ, 前舌を上あごのほうへも
ち上げて発音する. 日本語を母語とする学習者にとっては, / j / の後ろに
/ ʌ / が続くと比較的発音しやすいので, そこから / j / の舌の位置を覚える
とよい.

yes [jés]　use [júːz]　young [jʌ́ŋ]　year [jíər]　university [jùːnəvə́rsəti]

Let's Listen! CD 47-50

Step 1: CD を聞き，発音してみましょう．

1. light – right
   [láit] – [ráit]
2. play – pray
   [pléi] – [pʰréi]
3. glass – grass
   [glǽs] – [grǽs]
4. collect – correct
   [kəlékt] – [kərékt]
5. wheat – eat
   [wíːt] – [íːt]

6. wink – ink
   [wíŋk] – [íŋk]
7. square – scare
   [skwéər] – [skéər]
8. yes – "S"
   [jés] – [és]
9. yeast – east
   [jíːst] – [íːst]
10. year – ear
    [jíər] – [íər]

Step 2: / l / / w / / r / / j / に注意し，CD を聞き，発音されたほうの発音記号を○で囲みましょう．

1. [glǽs] – [grǽs]
2. [láit] – [ráit]
3. [pléi] – [pʰréi]
4. [kəlékt] – [kərékt]

5. [wíːt] – [íːt]
6. [skwéər] – [skéər]
7. [wíŋk] – [íŋk]
8. [jíər] – [íər]

9. [jés] – [és]
10. [jíːst] – [íːst]

Step 3: CD を聞き，（　　）に単語を書き入れましょう．次に / l / / w / / r / / j / に注意しながら読んでみましょう．

1. They said "(　　　　　　　)."
2. Keep off the (　　　　　　)!
3. Happy New (　　　　　　)!
4. He did it in a (　　　　　　).
5. I need (　　　　　　) for baking.
6. Please put out the (　　　　　　) on your (　　　　　　).
7. I was (　　　　　) while you were (　　　　　).
8. She's (　　　　　) their (　　　　　) papers.
9. I'd like to (　　　　　) whole (　　　　　) toast.
10. You got (　　　　　) at Washington (　　　　　).

Step 4: CD を聞き，聞き取った音を発音記号で書き表してみましょう．また単語のスペリングを書いてみましょう．

1. [　　　　　　] ⇒ (　　　　　)
2. [　　　　　　] ⇒ (　　　　　)
3. [　　　　　　] ⇒ (　　　　　)
4. [　　　　　　] ⇒ (　　　　　)

Unit 2

Dialogs and Exercises

Unit 2 では日本人学生 Emi のアメリカ留学生活を描いた 4 つのダイアログを通して，音声の理論と実践を結びつける応用力を養います．

各ダイアログは，Vocabulary List with IPA（発音記号付き語彙リスト），学習ポイントをまとめた 5 つの Lesson，そして Review で構成されています．

まずダイアログを読んでどのような場面か想像してみましょう．

次に Vocabulary List with IPA を使い，発音記号を見ながら単語レベルで発音練習をします．

各 Lesson の学習ポイントを学習後，Let's Listen !（聴き取り・書き取り）および Let's Try !（発音・表記練習）で理解力をさらに深めます．

最後の Review では学習ポイントを整理しながら設問に答え，英語らしくダイアログを音声表現できるようにチャレンジしてみましょう．

Dialog 1   Welcome to Our Dorm   CD ○ 51

日本人大学生エミがアメリカの大学に留学し，寮生活がスタートしました．寮の R. A. (Resident Advisor) の Tim と初めて話をします．

(E = Emi; T = Tim)

E: Hi, I'm Emi. I'm from Japan.

T: Oh, hi. I'm Tim. Are you a new student?

E: Yes. I came here last week. I can't wait for the new semester.

T: Me, too. This Saturday we are going to have a barbecue in front of the dorm to welcome new students.

E: Great. I love eating outside and talking with people.

Can I bring some of my friends?

T: Of course. I'm sure there'll be no problem.

E: Is there anything I can do to help?

T: It would be great if you could help us prepare for the party.

E: OK. What time should we come?

T: Please come to the garden at eleven.

I'll introduce you to my friends, too.

Vocabulary List with IPA

Vowels

/ iː /   week [wíːk]   eating [íːtiŋ]

/ i /   in [in]   be [bi]   it [it]   if [if]

/ e /   Emi [émi]   welcome [wéɫkəm]   eleven [ilévən]

/ æ /   can't [kʰǽnt]   Saturday [sǽtərdèi]

/ ə /   a [ə]   some [səm]   us [əs]   at [ət]

/ ʌ /   love [lʌ́v]   come [kʰʌ́m]

/ ər /   are [ər]   there [ðər]

/ uː /   student [stjúːdənt]   too [tʰúː]

/ u /   to [tu]   could [kud]

/ ɔː /   talking [tʰɔ́ːkiŋ]

/ ɑ /   what [wɑ́t, hwɑ́t]

/ ai /   I [ai]

/ ou /   oh [óu]   OK [óukèi, oukʰéi]

Consonants

/ p /   people [pʰíːpəɫ]   prepare [pripʰéər]   party [pʰɑ́ərti]

/ b /   barbecue [bɑ́ərbikjùː]

/ t /   Tim [tʰím]   time [tʰáim]

/ d /   dorm [dɔ́ərm]   do [dúː]   introduce [ìntrədjúːs]

/ k /   came [kʰéim]   can [kən]   course [kʰɔ́ərs]

/ g /   going [góuiŋ]   great [gréit]   garden [gɑ́ərdən]

/ f /   from [frəm]   for [fə, fər]   friends [fréndz]

/ v /   have [hǽv]   of [əv]

/ θ /   anything [éniθìŋ]

/ ð /   the [ðə]   this [ðis]   with [wið]

/ s /   semester [səméstər]   students [stjúːdənts]   outside [àu(t)sáid]

/ z /   is [iz]

/ ʃ /   sure [ʃúər]   should [ʃud]

/ h /   hi [hái]   here [híər]

/ dʒ /   Japan [dʒəpʰǽn]

/ m /   I'm [aim]   me [mi]   my [mai]

/ n /   new [njúː]   and [ən]   no [nóu]

/ ŋ /   bring [bríŋ]

/ l /   [l]   last [lǽst]   please [plíːz]
      [ɫ]   there'll [ðərɫ]   help [héɫp]   I'll [aiɫ]

/ w /   wait [wéit]   we [wi]   would [wud]

/ r /   front [frʌ́nt]   problem [pʰrɑ́bləm]

/ j /   you [ju]   yes [jés]

Lesson 1　音節と語強勢 (syllable & word stress)

◆音節

　たとえば「桜」という語は実際には [s] [a] [k] [u] [r] [a] という 6 つの音からできているが，日本語話者は [sa] [ku] [ra] という 3 つの音のまとまりだと感じる．このような音のまとまりを**音節**と言う．音節は，母音 (V) に子音 (C) が連なって作られる．従って単語内の音節の数は，その語に含まれる母音の数と同じである．(☞ 付録 1.)

yes [jés]（1 音節）　　　　　　　　　pho・net・ics [fə・nét・iks]（3 音節）
hun・dred [hʌ́n・drəd]（2 音節）　　　ed・u・ca・tion [èdʒ・ə・kʰéi・ʃən]（4 音節）

　日本語の音節は，子音＋母音 (CV) または母音のみ (V) という構造が基本で，「ン」以外は常に母音で終わる．一方，英語の場合は，1 つの母音に子音が複数連続したり，子音で終わる音節もある．このような音節構造の違いが影響して，日本語話者は英語を発音する際にも，連続している子音の間や語末の子音の後ろに不必要な母音を入れてしまうことがあるので注意して発音しなければならない．

英語　　　　　　　　　　　　　　　日本語（英語からの借用語）
mug　[mʌ́g]　CVC　（1 音節）　　マグ [ma・gu]　　　　　CV・CV（2 音節）
spice [spáis]　CCVC（1 音節）　　スパイス [su・pa・i・su] CV・CV・V・CV（4 音節）
desk [désk]　CVCC（1 音節）　　デスク [de・su・ku]　　CV・CV・CV（3 音節）

◆強勢

　日本語では「雨」と「飴」を音の高さで区別するが（標準日本語は「あめ」と「あめ」），英語では音の強さが問題となる．この強さの度合いを**強勢 (stress)** という．英語の強勢には最も強いほうから**第 1 強勢** (´)，**第 2 強勢** (^)，**第 3 強勢** (`)，強勢なしの 4 段階がある．強勢を受ける音節は強く長めに，強勢を受けない音節は弱く短めに発音する．

◆語強勢

　単語の中で強く発音する音節には第 1 強勢をつけて表す．この強勢を**語強勢**という．また合成語や 3 音節以上の長い単語になると 2 ヶ所に強勢を受けることがある．その場合には強さに違いがあり，より強く発音する音節に第 1 強勢，もう一方の音節に第 3 強勢をつけて表す．

Japan [dʒəpʰǽn]　　　student [stjúːdənt]　　　university [jùːnəvə́rsəti]

> **＜音節子音＞**
>
> 　音節は母音を中心にした音のまとまりであるが，弱い母音 [ə] がさらに弱まって消えてしまい，すぐ後ろに続く子音が音節の中心になることがある．この子音を**音節子音**という．音節子音は，子音の下に ‚ をつけて表されるのが基本であるが，辞書によってはこの記号を省略したり，異なる記号で表したりするものもある．
>
> 　　[lítɫ]　→　[lítɫ̩]（辞書 A）　　[lítɫ]（辞書 B）　　[lítˈɫ]（辞書 C）

Let's Listen!

Step 1: CD を聞き，強く読まれている音節を◯で囲みましょう.

（例） safari　　（ sa ・ fa ・ ri ）

1. prefer　　（ pre ・ fer ）　　　　2. navigator　（ nav ・ i ・ ga ・ tor ）
3. memorial　（ me ・ mo ・ ri ・ al ）　4. apron　（ a ・ pron ）
5. standard　（ stan ・ dard ）　　　　6. phonetics　（ pho ・ net ・ ics ）

Step 2: CD を聞き，単語を書きましょう. また，それらに含まれる母音の数（＝音節の数）を書きましょう.

母音の数

（例）＿＿desk＿＿　→　〈　1　〉

1. ＿＿＿＿＿＿　→　〈　　〉　　2. ＿＿＿＿＿＿　→　〈　　〉
3. ＿＿＿＿＿＿　→　〈　　〉　　4. ＿＿＿＿＿＿　→　〈　　〉
5. ＿＿＿＿＿＿　→　〈　　〉　　6. ＿＿＿＿＿＿　→　〈　　〉

Let's Try!

Step 1: 辞書で調べて，単語の発音記号に強勢記号（第 1 強勢´と第 3 強勢`）を書き込みましょう. 強勢記号は母音の上に書きましょう.

（例）Cal ・ i ・ for ・ nia　[kæl ə fɔ́r njə]

1. bar ・ be ・ cue　[bɑər bi kjuː]　　2. se ・ mes ・ ter [sə mes tər]
3. dor ・ mi ・ to ・ ry　[dɔər mə tɔː ri]　4. a ・ broad　[ə brɔːd]
5. e ・ con ・ o ・ my　[i kʰan ə mi]　　6. tech ・ nol ・ o ・ gy [tek nɑl ə dʒi]
7. in ・ for ・ ma ・ tion　[iɱ fər mei ʃən]　8. di ・ a ・ mond [dai ə mənd]

Step 2: 以下の発音記号を読み，スペリングで書きましょう. また，それらに含まれる母音の数を書きましょう.

母音の数

（例）[tʰáim]　　→　＿＿＿time＿＿＿　〈　1　〉

1. [bádi]　　→　＿＿＿＿＿＿＿　〈　　〉

2. [stɔ́ːri]　　→　＿＿＿＿＿＿＿　〈　　〉

3. [loukʰéiʃən]　→　＿＿＿＿＿＿＿　〈　　〉

4. [kʰálidʒ]　　→　＿＿＿＿＿＿＿　〈　　〉

5. [bjúːtifəɫ]　→　＿＿＿＿＿＿＿　〈　　〉

6. [èləméntəri]　→　＿＿＿＿＿＿＿　〈　　〉

Lesson 2　文強勢 (sentence stress)

◆強勢拍リズム

　英語には強い強勢を受ける音節がほぼ同じ間隔で現れるという特徴があり，英語のリズムはこの強い音節によって作られる．このようなリズムを**強勢拍リズム** (stress-timed rhythm) という．強勢を受ける音節は強く長めに，強勢を受けない音節は弱く短めに発音することでタイミングを合わせ，強い音（下の図の●）がほぼ等間隔になるように発音する．（☞ 付録 2.）

　（●は強勢あり，。は強勢なしを表す．）

●　。●。　。　　　●　　　　　　　　●●●●●●●●●●●
Tim is eating some plums.　　　　　えみこはすももをたべた．

◆文強勢：内容語と機能語

　1つの単語の中につく強勢を語強勢と呼ぶのに対し，1つの文の中に現れる強勢を**文強勢**と呼ぶ．基本的に，強勢を受けるのは**内容語**，強勢を受けないのが**機能語**である．内容語とは，名詞や動詞のようにその単語だけでも意味を伝えることができる語である．それに対して，主に文法的な機能を果たしているのが機能語である．（☞ 付録 3.1.）

> 内容語：名詞，一般動詞，形容詞，副詞，所有代名詞（mineなど），指示代名詞　など
> 機能語：冠詞，前置詞，接続詞，be動詞，助動詞，代名詞，指示形容詞　など

She **âte** a **slîce** of **pîzza** for **lúnch**. （太字は内容語を表す．それ以外は機能語）
There are some **âpples** in the **básket**.
Thîs is **míne**.
I **bôrrowed** those **bôoks** from the **líbrary**.

　文強勢には，最も強い**第 1 強勢** (´)，その次に強い**第 2 強勢** (ˆ)，そしてあまり強くない**第 3 強勢** (`) がある．基本的にすべての内容語には第 2 強勢がつくが，その中で最も重要な語が第 1 強勢を受ける．つまり，第 1 強勢は文中に必ず 1 つだけ現れる．第 3 強勢は，限られた語あるいは限られた場合にだけ現れる．（☞ 付録 3.3.）

　1つの意味のまとまりの中で，最も右側にある内容語が第 1 強勢を受けるのが文強勢の基本である[1]．しかしながら，固有名詞や数詞・序数詞（およびその後に続く名詞）などのように優先的に第 1 強勢を受ける語もある．優先的に第 1 強勢を受ける語については Lesson 15 で述べる．

　　He lîkes it vêry **múch**.　　　　　　（最も右側にある内容語）
　　I mêt **Tóm Brówn** in the pârk.　　　（Tom Brown は固有名詞）
　　She pût **twó bóoks** on the dêsk.　　　（two books は数詞＋名詞）

---

[1] ただし，yesterday, now, there といった時や場所を表す文修飾の副詞は，特に強調したい場合を除き通常は第 2 強勢にとどめておく．その場合には，もう 1 つ左側にある内容語が第 1 強勢を受ける．
　　　I sâw his **bróther** yêsterday.
　　cf. "Whên did you sêe his bróther?" "I sâw him **yésterday**."

Let's Listen! CD 56-57

Step 1: CD を聞き，強勢拍リズムによって強く読まれている語を〇で囲みましょう.

（例）The (food) was (good) and (fresh).
1. Tim is going to see a movie today.
2. A man and a woman have to make a pair.
3. This is the car that I rented.
4. The class was canceled due to the weather.
5. A friend of mine will tell us the story.

Step 2: CD を聞き，(　　)に単語を書き入れ，その語が内容語か機能語かを考えましょう.

（例）I'm ready (for) the (concert).　　　　　　　機能語 / 内容語
1. Are you a (　　　　) (　　　　　)?　　　　　　　　＿＿＿＿ / ＿＿＿＿
2. The boy (　　　　) (　　　　　) the job is my son.　＿＿＿＿ / ＿＿＿＿
3. Please come (　　　　) the office (　　　　　) four.　＿＿＿＿ / ＿＿＿＿
4. (　　　　) brought (　　　　) candles?　　　　　　＿＿＿＿ / ＿＿＿＿
5. The phone was ringing (　　　　) I entered (　　　　) room.　＿＿＿＿ / ＿＿＿＿

Let's Try!

Step 1: 以下の文に強勢記号（第 1 強勢ˊ　第 2 強勢ˆ）を書き込みましょう.

（例）I wâlk in the tówn.
1. Are there any questions?
2. The new semester begins on September first.
3. Which coat is yours?
4. My sister doesn't have a car.
5. I'll let you know the time to go.

Step 2: 下線部が内容語か機能語かを〇で囲み，品詞を書きましょう.

　　　　　　　　　　　　　　　　　　　　　　　　　　　　　　　　　　　　品詞
（例）I have a brand-new car.　　　　　　　　(内容語)・機能語　(動 詞)

1. My sister has been in New York for five years.　内容語・機能語　(　　　　)
2. Peter had dinner at that restaurant.　　　　　　内容語・機能語　(　　　　)
3. This is the house where we grew up.　　　　　　内容語・機能語　(　　　　)
4. When is the best time to visit Seattle?　　　　　内容語・機能語　(　　　　)
5. I'd like to become a pilot like my father.　　① 内容語・機能語　(　　　　)
　　① 　　　　　　　　　　② 　　　　　　　　　② 内容語・機能語　(　　　　)

Lesson 3　ポーズ (pause)

　文が少し長くなると文の途中に区切りを入れるが，この区切りを**ポーズ**という．本テキストでは文中のポーズを / で表す．コンマがあるところには基本的にポーズが入る．ただし，Yes, it is. や No, thanks. のようにコンマの後ろが短い場合にはポーズを入れる必要はない．一方，節や長い句の境界にはコンマがなくてもポーズを入れる．ポーズは意味のまとまりを示す機能をしているので，それぞれの区切りが意味的に 1 つのまとまりになるようにポーズを入れなければならない．従って，句の途中にポーズを入れることはできない．

① コンマがあるところ

　　Hi, / my name is Emi.

　　Well, / we have beans, / potatoes, / and pasta.　　　　　　（列挙）

② 節の境界

　　She said / that she was coming on Sunday.

　　Is there anything / I can do to help?

　　We are going to have a barbecue / which is for everybody.

　　It would be great / if you could help us.

③ 強調したい語が文中に 2 つ以上ある場合

　　ポーズで区切られた各まとまりの中に最も重要な情報や強調したい語 (☞ Lesson 15) が複数ある場合にはポーズを入れて，それらの語が別のまとまりに入るようにする．

　　Lêt's mêet in the gárden / at thrée o'clóck.　　　　　（場所・時間）

　　I'm Émi / from Japán.　　　　　　　　　　　　　　（固有名詞）

④ 長い句の境界

　　文が長い場合には，副詞句や前置詞句をポーズで区切る．また長い名詞句が主語になっている場合には，主語の後ろにポーズを入れる．

　　The purpose of our project / is to improve literacy rate / in West Africa.

　　This Saturday / we will have a party.

◆ポーズを入れてはいけない例

　　×nice / garden　　　　　　　（形容詞と名詞の間）

　　×I bought / a camera.　　　　（他動詞と目的語の間）

＊Lesson 2 で述べたように文中には第 1 強勢を受ける語が必ず 1 つ存在するが，ポーズが入っている文の場合には，ポーズで区切られた各まとまりの中に第 1 強勢を受ける語が 1 つずつ入る．ポーズは意味的なまとまりを示すものであるが，ポーズで区切られたまとまりはイントネーション (☞ Lesson 4) の単位でもあり，「そこにポーズがある」ということはイントネーションによって示される．

Let's Listen!

CD を聞き，ポーズを入れましょう．

（例）I think / you are right.
1. I'll go there to get the document.
2. I'm sure that you'd all be welcomed.
3. It would be nice if you could bring some food and drink.
4. I know an agency where you can find the good tours.
5. More than thirty students are absent today because of heavy snow.

イントネーション

Let's Try!

Step 1: 以下の文中にポーズを入れ，その理由を ①〜④ より選びましょう.

理由

1. I think that Jenny loves that restaurant. ⟨　　　⟩
2. This machine is very efficient but not eco-friendly. ⟨　　　⟩
3. No, I'm not so sure about that. ⟨　　　⟩
4. I visited the office to receive the pension. ⟨　　　⟩
5. The EU adopted the new law in 1995. ⟨　　　⟩

> ① コンマがある　　　　　　　　② 節の境界
> ③ 強調したい語が文中に 2 つ以上ある　④ 長い句の境界

Step 2: 意味のまとまりを考えながらポーズを入れましょう.

As we have gathered here together to thank God for the Nobel Peace Prize, I think it will be beautiful that we pray the prayer of [(1)] St. Francis of Assisi which always surprises me very much. We pray this prayer every day after [(2)] Holy Communion, because it is very fitting for each one of us.

(Mother Teresa speech Oslo 1979, Novel Peace Prize acceptance speech)

Notes:

(1) **St. Francis of Assisi**　アッシジのフランチェスコ. フランシスコ会の創設者として知られるカトリック修道士. 中世イタリアにおける最も著名な聖人のひとり.
(2) **Holy Communion**　聖体拝領（カトリック教会のミサで聖餐式の時に聖体を受けること.）

Lesson 4　ピッチとイントネーション (pitch & intonation)

◆ピッチ

　音の高さのことを**ピッチ**という．ピッチによって文の終わりや意味の区切りを示すことができる．英語の基本的なピッチは，高いほうから，3, 2, 1 の 3 段階である．

　基本となる普通のピッチがレベル 2，第 1 強勢を受ける音節のピッチはレベル 3 である．つまり第 1 強勢を受ける音節は最も強く発音されるだけではなく，他の音節よりもピッチが高くなる．また最も低いピッチがレベル 1 で，これは文の終わりを示すピッチとなる．従って，言うことがまだ残っていてもピッチをレベル 1 まで下げてしまうと，そこで発話が終わったという印象を聞き手に与えてしまう．逆に文の終わりでピッチをレベル 2 までしか下げなければ，まだ言うことが残っているという印象を与えてしまうことになる．

ピッチ				ピッチ		
3		téa		3		téa
2	Lêt's hâve a		cf.)	2	Lêt's hâve a	brèak,(and.......)
1		brèak.		1		

◆イントネーション

　ピッチが作り出す音の高低の流れを**イントネーション**という．イントネーションはポーズで区切られたまとまりごとに作られるが，まとまりの中にはピッチがレベル 3 に上がる「イントネーションの山」が必ず 1 ヶ所ある．それが「第 1 強勢を受ける音節」である．イントネーションには，ピッチをレベル 3 に上げた後にもう一度下げて終わる**下降イントネーション**と，ピッチをレベル 3 に上げたまま終わる**上昇イントネーション**がある[2]．下降イントネーションの場合には↓，上昇イントネーションの場合には↑を，それぞれ最後につける．

　イントネーションの大まかな動きを表すためにピッチの移動点を結んだ線を**イントネーション・ライン**と呼ぶ．以下は，英語の基本的なイントネーションのパターンである．

① 下降イントネーション

・[2 – 3 – 1↓]：平叙文，命令文，疑問詞を使った疑問文

$$\text{I'm from Ja}^{3}\text{pán.} \downarrow \qquad \text{I cân't wâit to} \overset{3}{\text{sée}} \text{ you.} \downarrow$$

$$\text{Côme to the} \overset{3}{\text{gárden.}} \downarrow \qquad \text{Whât tîme should we} \overset{3}{\text{côme?}} \downarrow$$

・[2 – 3 – 2]：文中のポーズの前 (2 で終わる場合は後ろには矢印をつけない)

$$\text{It would be} \overset{3}{\text{grêat}} / \text{ if you could} \overset{3}{\text{hélp}} \text{ us} / \text{ prepâre for the} \overset{3}{\text{párty.}} \downarrow$$

$$\overset{3}{\text{I hôpe}} / \text{ I hâve enôugh tîme to} \overset{3}{\text{éat.}} \downarrow$$

② 上昇イントネーション

・[2 – 3 – 3↑]：Yes-No 疑問文の文末

$$\text{Are you a nêw} \overset{3}{\text{stúdent?}} \uparrow \qquad \text{Can I brîng some of my} \overset{3}{\text{fríends?}} \uparrow$$

---

[2]「呼びかけ」のように同じフレーズに両方のパターンがある場合もある．　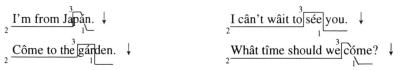

Let's Listen! CD ○ 59-60

イ
ン
ト
ネ
ー
シ
ョ
ン

Step 1: CD を聞き，文末のイントネーション（↑または↓）を選びましょう．

（例）You are right. [↑ (↓)]
1. Excuse me, Dr. Brown. [↑ ↓]
2. Can I bring some of my friends? [↑ ↓]
3. I love eating outside and talking with people. [↑ ↓]
4. What time should we come? [↑ ↓]
5. How is your father? [↑ ↓]

Step 2: CD を聞き，ピッチが上がっているところを○で囲みましょう（ポーズで区切られた
各まとまりに必ず 1 ヶ所はある）．

（例）Do you (know) / that she is Japa(nese)?
1. Did you meet that girl?
2. I love going on a picnic / and eating in the park.
3. Why don't you have a seat?
4. Can you believe / that she won the prize?
5. Please leave it to me.

Let's Try!

Step 1: 以下の文に必要ならばポーズを入れ，強勢記号を書き込みましょう．

（例）I'm gôing to vîsit Japán / to sêe ôld témples.　イントネーション・パターン
1. He is a new teacher from April. [－ －]
2. Do you remember the place we went? [－ － / － －]
3. This picture reminds me of the good old days. [－ － / － －]
4. Who told you that she moved? [－ － / － －]
5. In the morning, we would take a walk together. [－ － / － －]

Step 2: 上の 1～5 でピッチが上がるところを○で囲みましょう．

（例）I'm gôing to vîsit Ja(pán) / to sêe ôld (tém)ples.

Step 3: 上の 1～5 のイントネーション・パターンを数字と矢印（↑または↓）で表しましょう．

（例）I'm gôing to vîsit Ja(pán) / to sêe ôld (tém)ples. [2 － 3 － 2 / 2 － 3 － 1 ↓]

Lesson 5　音のつながり I　連結　(linking)

　通常の会話では，単語を1つずつ別々に切り離して発音しているわけではなく，続けて発音している．その際，単語と単語の境界の音（つまり前方の単語の最後の音と後方の単語の最初の音）がつながって，本来とは違う音の現れ方をすることがある[3]．これは次の音への移動をスムーズにするために起きる現象であり，このような現象には，連結，脱落，同化がある．ここでは連結について説明する．

① 子音または [ər] + 母音

　子音または [ər] で終わる単語の直後に母音で始まる単語が続いた場合，それらの単語はつながって1つの単語のように発音される．この現象を連結 (linking) という．本テキストでは，連結が生じるところをスラー ⌣ と L で表す．

・子音 + 母音

　　o<u>ne o</u>f them [wˈʌn⌣əv ðəm]
　　　　　　　　　　　　　L

　　Ta<u>ke i</u>t ou<u>t</u>. [tʰêik⌣it⌣áut]
　　　　　　　　　　　L　　L

　　Ca<u>n I</u> ha<u>ve a</u> sli<u>ce o</u>f bread? [kən⌣ai hˈæv⌣ə slâis⌣əv bréd]
　　　　　　　　　　　　　　　　　　　L　　　　L　　　L

　　I'll se<u>ll i</u>t. [aił sél⌣it]　　　　　　　dark L [ł] の後ろに母音が続いて連結が起きると
　　　　　　　　　　　L　　　　　　　　　　dark L は clear L [l] になる

・[ər] + 母音

　　Is th<u>ere a</u>nything / I can do to help? [iz ðər⌣éniθìŋ / ai kən dû: tu héłp]
　　　　　　　　　　　　　　　　　　　L

　なおポーズがあるところは，そのポーズを超えて音がつながることはない．anything と I の間がつながっていないのはそのためである[4]．

② [t, d, s, z] 以外の子音 + [j]

　子音で終わっている単語の直後に [j] で始まる単語が続く場合にも連結が起き，それらは1つの単語のようにつながって発音される．ただし子音が [t, d, s, z] の場合には連結ではなく，別のつながり方をする（相互同化）．これについては Lesson 8 で説明する．

　　than<u>k y</u>ou [θˈæŋk⌣ju]　　　　　　　ni<u>ne y</u>ears [nˈáin⌣jìərz]
　　　　　　　　　L　　　　　　　　　　　　　　　　　　L

---

　[3] これらの現象は，information [ìɱfərméiʃən] のように1つの単語の中にも起こっているが，本テキストでは単語と単語との境界で起こる現象のみを扱うことにする．
　[4] ただし，速く発音される場合にポーズを超えて音がつながって聞こえる場合もある．

Let's Listen! CD ○ 61-62

Step 1: CD を聞き，連結が起きているところにスラーを書きましょう．

（例）I will make‿it.
1. Don't catch a cold.
2. Keep on walking.
3. She'll take you to the office.
4. The store is far away from home.
5. Tom is on the way to our school.

Step 2: CD を聞き，（　　）に単語を書き入れましょう．

（例）I will (make) (it).
1. (　　　　　) (　　　　　　) (　　　　　　).
2. You (　　　　) (　　　　　) good job.
3. The computer (　　　　) (　　　　　) the table.
4. Please try it (　　　　) (　　　　　) have time.
5. I'd never (　　　　) (　　　　　) lie.

Let's Try!

Step 1: 下線部の発音記号を書き，音のつながりをスラーと L で表しましょう．

（例）I will ma<u>ke i</u>t.
　　　　　[k‿i] ⇒〈ア〉
　　　　　　　L

1. It i<u>s a</u> good way to ste<u>p up</u>.
　　[　　　　] ⇒〈　　〉　[　　　　] ⇒〈　　〉

2. No<u>ne of</u> them likes tha<u>t i</u>dea.
　　[　　　　] ⇒〈　　〉　[　　　　] ⇒〈　　〉

3. A<u>ll I</u> need is t<u>ime a</u>nd money.
　　[　　　　] ⇒〈　　〉　[　　　　] ⇒〈　　〉

4. Hel<u>p y</u>ourself and ma<u>ke y</u>ourself at home.
　　[　　　　] ⇒〈　　〉　[　　　　] ⇒〈　　〉

5. Th<u>ere are</u> some bird<u>s i</u>n the cage.
　　[　　　　] ⇒〈　　〉　[　　　　] ⇒〈　　〉

Step 2: 連結のパターンを下のア～ウより選び，1～5 の〈　　〉の中に書きましょう．

　ア．子音＋母音　　イ．[ər]＋母音　　ウ．[t, d, s, z] 以外の子音＋[j]

音のつながり

(E = Emi, T = Tim)

E: Hi, I'm Emi. I'm from Japan.

T: Oh, hi. I'm Tim. ⁽¹⁾Are you a new student?

E: Yes. I came here last week. I can't wait for the new semester.
                                                              (2)

T: Me, too. ⁽³⁾This Saturday we are going to have a barbecue

   in front of the dorm to welcome new students.

E: Great. I love eating outside and talking with people.

   ⁽⁴⁾Can I bring some of my friends?

T: Of course. ⁽⁵⁾I'm sure there'll be no problem.

E: ⁽⁶⁾Is there anything I can do to help?
              (7)

T: It would be great if you could help us prepare for the party.
                      (8)   (9)

E: OK. What time should we come?

T: Please come to the garden at eleven.

   I'll introduce you to my friends, too.
                                    (10)

1. 下線部 (1) のイントネーション・パターンを数字と矢印 (↑または↓) で表しなさい.

   Are you a new student?　　[　　 –　　 –　　　]

2. 下線部 (2) に強勢記号を書き込みなさい.

   semester

3. 下線部 (3) の文にポーズを 3 ヶ所入れなさい.

   This Saturday we are going to have a barbecue in front of the dorm to welcome new students.

4. 下線部 (4) の文において連結して読まれるところにスラーを入れなさい.

   Can I bring some of my friends?

5. 下線部 (5) の文に必要ならばポーズを入れ, 強勢記号を書き込みなさい.

   I'm sure there'll be no problem.

6. 下線部 (6) のイントネーション・パターンを数字と矢印 (↑または↓) で表しなさい.

   Is there anything I can do to help?　　[　　 –　　 –　　 /　　 –　　 –　　　]

7. 下線部 (7)〜(9) は連結して読まれると考え, 発音記号とスラーと L で表しなさい.

   there anything　　　　if you　　　　　　help us
   [　　　　　　]　 [　　　　　　]　 [　　　　　　]

8. 下線部 (10) が内容語か機能語かを○で囲み, 品詞を書きなさい.

   　　　　　　　　　　　　　　品詞
   too　　内容語・機能語　　(　　　　　)

Emi の友人の Bob は大学のカフェでアルバイトをしています. Emi が好みの食べ物を注文すると, Bob が目の前で皿によそってくれます.

(B = Bob; E = Emi)

B: Hi, Emi. What can I get for you?

E: Hi, Bob. Can I have a slice of pizza?

B: Pepperoni or cheese?

E: Cheese, please.

B: Here you are.

E: I'd like to have something else. Let's see.

B: Well, we have beans, potatoes, and pasta.

E: The potatoes look good. I'll have them.

B: OK. We also have two kinds of dessert.

    Would you like pudding or yoghurt?

E: I'll take the yoghurt.

    (Emi takes a look at her watch.)

E: I hope I have enough time to finish eating.

B: What are you rushing for?

E: I'm doing my presentation after lunch.

B: Then you should eat well.

    Good food gives you energy, Emi.

E: You're right.

（☆は機能語の強形，★は二音節以上の機能語を表す．各々は
Dialog で使われる強勢で表記している．）

Vowels

/ iː /	see [síː] eat [íːt]
/ i /	gives [gívz]
/ æ /	★after [æftər]
/ ər /	dessert [dizə́rt]
/ uː /	two [tʰúː] food [fúːd]
/ u /	look [lúk]
/ ɔː /	also [ɔ́ːɫsou]
/ uər /	you're [juər]
/ ɔər /	☆or [ɔ̀ər] ☆for [fɔ̀ər]
/ ɑər /	☆are [ɑ́ər]
/ ei /	take [tʰéik]

Consonants

/ p /	pizza [pʰíːtsə] pepperoni [pèpəróuni] pasta [pʰástə]
/ b /	Bob [báb]
/ t /	potatoes [pətʰéitouz]
/ d /	I'd [aid] good [gúd]
/ k /	kinds [kʰáindz]
/ g /	get [gét]
/ f /	enough [inʌ́f] finish [fíniʃ]
/ θ /	something [sʌ́mθiŋ]
/ ð /	them [ðəm] then [ðén]
/ s /	slice [sláis]
/ z /	beans [bíːnz]
/ ʃ /	presentation [prèzəntʰéiʃən]
/ h /	hope [hóup]
/ tʃ /	cheese [tʃíːz] lunch [lʌ́ntʃ]
/ dʒ /	energy [énərdʒi]
/ ŋ /	pudding [pʰúdiŋ] doing [dúːiŋ]
/ l /	[l] like [láik] let's [léts]
	[ɫ] else [éɫs]
/ w /	well [wéɫ]
/ r /	rushing [rʌ́ʃiŋ] right [ráit]
/ j /	yoghurt [jóugərt]

Lesson 6　音のつながり II　脱落 (elision) (1)

　英語には [p, b, t, d, k, g] という 6 つの閉鎖音があるが，これら閉鎖音で終わる単語の直後に子音（ただし [j] 以外）で始まる単語が続いた場合，閉鎖音が聞こえなくなることがある．これは語末の閉鎖音がなくなってしまうわけではなく，前方の音を発音する際に息を外に吐き出さずに後方の音に移っているからである．つまり脱落する音は，音は聞こえなくても口の形は作られている．このような現象を脱落 (elision) という．閉鎖音の中でも特に脱落しやすいのが [t, d] である．本テキストでは，脱落が起こる音は（　）に入れ，脱落を引き起こす音との間にスラーと E をつけて表す[5].

閉鎖音 [p, b, t, d, k, g] ＋ 子音（[j] は除く ）

- · stop by　　　　　　[stâ(p)‿bái]　　　　（閉鎖音 ＋ 閉鎖音）
　　　　　　　　　　　　　　　E

- · Black Sea　　　　　[blǽ(k)‿síː]　　　　（閉鎖音 ＋ 摩擦音）
　　　　　　　　　　　　　　　　E

- · big challenge　　　[bî(g)‿tʃǽləndʒ]　　（閉鎖音 ＋ 破擦音）
　　　　　　　　　　　　　　　E

- · good luck　　　　　[gû(d)‿lʌ́k]　　　　（閉鎖音 ＋ 側音）
　　　　　　　　　　　　　　　E

- · rub my hands　　　[rʌ̂(b)‿mai hǽndz]　（閉鎖音 ＋ 鼻音）
　　　　　　　　　　　　　　　E

- · last week　　　　　[lǽs(t)‿wíːk]　　　　（閉鎖音 ＋ 半母音）
　　　　　　　　　　　　　　　E

　閉鎖音の後ろに母音が続く場合や，[t, d] 以外の閉鎖音に [j] が続いた場合は Lesson 5 で述べた連結が起きる．また閉鎖音 [t, d] の後ろに [j] が続いた場合は同化が起きる．これについては Lesson 8 で述べる．

cf.)　閉鎖音 ＋ 母音　　just enough　　[dʒʌ̂st‿inʌ́f]
　　　　　　　　　　　　　　　　　　　　　　　　L

　　　閉鎖音 ＋ [j]　　Thank you　　[θǽŋk‿ju]
　　　　　　　　　　　　　　　　　　　　　　L

　　　[t, d] ＋ [j]　　would you　　[wud ju] → [wudʒu]
　　　　　　　　　　　　　　　　　　　　　　　　　　　　　A

---

[5] notebook のように 2 つの語が結びついてできている単語（これを合成語と言う．合成語については Lesson 16 参照）の結合部分でも閉鎖音と子音が重なれば脱落が起きる．その場合にも脱落が起きる音を（　）に入れて表すが，1 語であるためスラーはつけない．notebook [nóu(t)bùk]

Let's Listen!

Step 1: CD を聞き，脱落している音を（　）に入れましょう．

（例）Have a goo(d) trip.
1. She wants to keep cats in the house.
2. Please grab some food.
3. They don't care.
4. He took my advice.
5. We should run.

Step 2: CD を聞き，（　　）に単語を書き入れましょう．

（例）My father (met) (my) boyfriend.
1. He (　　　　　) (　　　　　　) to me.
2. That's a (　　　　　) (　　　　　　).
3. We (　　　　) to (　　　　　　) firewood.
4. Please (　　　　　) let (　　　　　) boil.
5. Do you (　　　　　　) Paul to go with you to the (　　　　　) races?

Let's Try!

Step 1: 以下の語句を読み，脱落している音を（　）に入れましょう．

（例）a wi(de) selection of hats
1. a slice of smoked cheese
2. late at night
3. an ink bottle
4. a bag of dog food
5. an old carpet
6. a team of tap dancers

Step 2: 下線部の発音記号を書き，音のつながりをスラーと L・E で表しましょう．

（例）You should <u>eat</u> and slee<u>p w</u>ell.
[d‿iː]　[(p)‿w]
　L　　　　　E

1. I<u>t w</u>oul<u>d b</u>e my pleasure.
[　　　][　　　]

2. I have rea<u>d some of</u> these books.
[　　　][　　　]

3. The waiter go<u>t a</u> goo<u>d t</u>ip.
[　　　][　　　]

4. Ro<u>ck music gives E</u>mily energy.
[　　][　　][　　]

音のつながり

Lesson 7　音のつながり III　脱落 (elision) (2)

　単語の境界で同じ子音が重なった場合には，それらを結合させて 1 つの長めの子音のように発音する．また，同じ子音ではないが，[s] の後ろに [ʃ] が続いた場合にも，これら 2 つの子音は結合して 1 つの子音のように発音される．いずれの場合も後方の単語に移るときにその子音を改めて発音するのではなく，舌の位置をそのままにして続けてひと息で発音する．これらの現象は閉鎖音の脱落の場合と違って，前方の子音を発音しているときから息は外に出ているが，脱落の一種である．この場合も脱落が起こる音は (　) に入れ，脱落を引き起こす音との間にスラーと E をつけて表す．

① 　同じ子音が重なった場合

　　　· what time　　　　　　　　　[wâ(t) tʰáim]
　　　　　　　　　　　　　　　　　　　　　E

　　　· this Saturday　　　　　　　　[ði(s) sǽtərdèi]
　　　　　　　　　　　　　　　　　　　　　E

　　　· enough food　　　　　　　　[inʌ̂(f) fúːd]
　　　　　　　　　　　　　　　　　　　　　E

　　　· worth thinking　　　　　　　[wɚ̂r(θ) θíŋkiŋ]
　　　　　　　　　　　　　　　　　　　　　E

　　　· which chair　　　　　　　　[wî(tʃ) tʃéər]
　　　　　　　　　　　　　　　　　　　　　E

　　　· in north　　　　　　　　　　[i(n) nɔ́ərθ]
　　　　　　　　　　　　　　　　　　　　　E

　　　· a little late　　　　　　　　[ə lîtə(ɫ) léit]
　　　　　　　　　　　　　　　　　　　　　E

② 　[s] + [ʃ]

　　　· this shopping mall　　　　[ði(s) ʃápiŋ mɔ̀ːɫ]
　　　　　　　　　　　　　　　　　　　　　E

　なお同じ音が連続して脱落が起きるのは，単語の境界で同じ子音が並んだ場合だけである．同じ母音が並んだ場合には脱落は起きない．

　　　cf.)　try it　　　　　[tʰrái it]

Let's Listen!

Step 1: CD を聞き，脱落している音を（　）に入れましょう．

（例）Do you wan(t) to try it on?
1. Have a good day.
2. She likes to tell long stories to us.
3. He's a Polish shoemaker.
4. That is a nice show.
5. The man knows about it.
6. This is going to be a big game.

Step 2: CD を聞き，（　　　）に単語を書き入れましょう．

（例）Please (speak) (clearly).
1. I agree (　　　　　) (　　　　　　) ideas.
2. It's good (　　　　　) (　　　　　) me.
3. Professor Brown was the (　　　　　) (　　　　　).
4. I saw (　　　　) (　　　　).
5. (　　　　) (　　　　　) do you usually go to?
6. It's the (　　　　) (　　　　　) in our town.

Let's Try!

Step 1: 語句を読み，脱落している音を（　）に入れましょう．

脱落のパターン

（例）I've jus(t) got a call. 〈　ア　〉

1. I had a bad dream. 〈　　　〉

2. I really miss Shirley. 〈　　　〉

3. Why don't you let Tim plan our trip? 〈　　　〉

4. They always work slowly. 〈　　　〉

5. This school is very popular. 〈　　　〉

6. Never camp near the river. 〈　　　〉

Step 2: 脱落のパターンを下のア〜ウより選び，1〜6 の〈　　　〉の中に書きましょう．

ア. 閉鎖音＋子音　イ. 同じ子音が重なった場合　ウ. [s]＋[ʃ]

Lesson 8　音のつながり IV　同化 (assimilation) (1)

　単語の境界で子音が並んだ場合，一方が他方に影響を与えたり，双方が互いに影響しあったりすることでそれらの子音が別の音になることがある．このような現象を**同化 (assimilation)** という．その中で，単語の境界で重なった子音が互いに影響し合って1つの別の音になるのが**相互同化**である．相互同化は [t, d, s, z] の直後に半母音 [j] が続いた場合に起きる．その結果，これらの音は以下のような現れ方をする．同化が起きているところにスラーと A をつけて表す．

[t, d, s, z] + [j]　　(☞ Lesson 5 ②)

・[t] + [j] → [tʃ]　　　　　Aren't you going home?
　　　　　　　　　　　　　　　[âərnt ju] → [âərntʃu]
　　　　　　　　　　　　　　　　　　　　　　Ⱥ

　　　　　　　　　　　　　　I appreciate your time and help.
　　　　　　　　　　　　　　[əpʰrî:ʃièit jər] → [əpʰrî:ʃièitʃər]
　　　　　　　　　　　　　　　　　　　　　　　　Ⱥ

・[d] + [j] → [dʒ]　　　　　What would you like?
　　　　　　　　　　　　　　　　[wud ju] → [wudʒu]
　　　　　　　　　　　　　　　　　　　　　　Ⱥ

　　　　　　　　　　　　　　Did you look through the recommended books?
　　　　　　　　　　　　　　[dɪd ju] → [dɪdʒu]
　　　　　　　　　　　　　　　　　　　Ⱥ

・[s] + [j] → [ʃ]　　　　　I'll introduce you to my friends.
　　　　　　　　　　　　　　　　[ìntrədjû:s ju] → [ìntrədjû:ʃu]
　　　　　　　　　　　　　　　　　　　　　　　Ⱥ

　　　　　　　　　　　　　　I miss you a lot.
　　　　　　　　　　　　　　[mîs ju] → [mîʃu]
　　　　　　　　　　　　　　　　　　　Ⱥ

・[z] + [j] → [ʒ]　　　　　Good food gives you more energy.
　　　　　　　　　　　　　　　　[gîvz ju] → [gîvʒu]
　　　　　　　　　　　　　　　　　　　　　Ⱥ

　　　　　　　　　　　　　　How's your project going?
　　　　　　　　　　　　　　[hâuz jər] → [hâuʒər]
　　　　　　　　　　　　　　　　　　　Ⱥ

Let's Listen!

CD
○
70-71

Step 1: CD を聞き，相互同化が起きているところにスラーを書きましょう.

（例）I told‿you so.
1. Won't you tell me your plan?
2. Would you like some milk?
3. The child wanted to kiss you.
4. Has your uncle come yet?
5. I was too busy last year.

Step 2: CD を聞き，（　　　）に単語を書き入れましょう.

（例）How (is) (your) family?
1. (　　　　　) (　　　　　　　　　) show me your ticket, please?
2. Try (　　　　　) (　　　　　　　) new computer.
3. I'm going to graduate (　　　　　) (　　　　　).
4. Did he (　　　　　) (　　　　　) cellphone?

Let's Try!

下線部の発音記号を書き，音のつながりをスラーと L・E・A で表しましょう.

（例）She i<u>s y</u>our goo<u>d f</u>riend.
　　　[ʒ]　　[(d)‿f]
　　　　A　　　　　E

1. Wr<u>ite y</u>our story a<u>s y</u>ou like.
　　[　　　]　[　　　　]

2. I'll mi<u>ss y</u>ou whi<u>le y</u>ou are gone.
　　　[　　　] [　　　　]

3. How wa<u>s y</u>our tri<u>p i</u>n Japan?
　　　[　　　] [　　　]

4. Why di<u>d y</u>ou sto<u>p p</u>racticing the piano?
　　　[　　　] [　　　]

5. I wan<u>t y</u>ou to try somethi<u>ng e</u>lse.
　　　[　　　]　　[　　　　]

6. Woul<u>d y</u>ou li<u>ke s</u>ome pudding?
　　　[　　　] [　　　]

Lesson 9　イントネーション — 列挙と選択疑問文
(intonation – series & alternative question)

　Lesson 4 で基本のイントネーション・パターンを学んだが，英語にはそれ以外のイントネーション・パターンをとるものがある．列挙や選択疑問文もその例である．

◆**列挙**：[2 – 3 – 3↑ / 2 – 3 – 3↑ / 2 – 3 – 1↓]

　複数の項目を並べ挙げる文を**列挙**という．列挙される項目はいずれも重要なので，すべての項目に第1強勢をつけ，各項目ごとにポーズを入れる．基本のイントネーション・パターンでは文中のポーズの前は [2 – 3 – 2] だが，列挙の場合は文中のポーズの前のイントネーション・パターンが [2 – 3 – 3↑] となる．このパターンが繰り返され，一番後ろのまとまり，つまり and や or で始まるまとまりだけが [2 – 3 – 1↓] となる．ピッチは第1強勢を受ける音節からレベル3に上がるため，最初の音節に第1強勢がある場合は，ピッチはレベル3から始まる．

　　　We hâve béans, ↑ / potátoes, ↑ / and pásta. ↓　[2 – 3 – 3↑ / 2 – 3 – 3↑ / 2 – 3 – 1↓]

　　　[wi hɛ̂v bíːnz ↑ / pətʰéitouz ↑ / əm pʰástə ↓]

　　　I sôld fóod, ↑ / bóoks, ↑ / and clóthes. ↓　[2 – 3 – 3↑ / 3 – 3↑ / 2 – 3 – 1↓]

　　　[ai sôuɫ(d) fúːd ↑ / búks ↑ / əŋ klóuðz ↓]

◆**選択疑問文**：[2 – 3 – 3↑ / 2 – 3 – 1↓]

　選択肢を挙げて質問する**選択疑問文**も列挙の一種である．選択疑問文でも，各選択肢に第1強勢をつけ，or の直前にはポーズを入れる．or は機能語だが，選択疑問文の場合には第3強勢がつき，少しはっきり発音される．イントネーション・パターンは，列挙の場合と同じく文中のポーズの前は [2 – 3 – 3↑] となり，or から始まる一番後ろのまとまりが [2 – 3 – 1↓] となる．

　　　Would you lîke púdding ↑ / òr yóghurt ? ↓　　[2 – 3 – 3↑ / 2 – 3 – 1↓]

　　　[wudʒu lâi(k) pʰúdiŋ ↑ / ðər jóuɡərt ↓]

　　　Pèperóni ↑ / òr chéese? ↓　　[2 – 3 – 3↑ / 2 – 3 – 1↓]

　　　[pèpəróuni ↑ / ðər tʃíːz ↓]

Let's Listen! CD 72-73

Step 1: CD を聞き，ピッチが上がっているところを◯で囲みましょう（ポーズで区切られた各まとまりに必ず 1 ヶ所はある）.

（例）I've just come home from (work).

1. She hurried to the classroom.
2. Have you had lunch?
3. She comes here on Monday, / Wednesday, / and Friday.
4. Where is my shirt?
5. Would you like tea / or coffee?

Step 2: CD を聞き，イントネーション・パターンを数字と矢印（↑または↓）で表しましょう.

イントネーション・パターン

1. Can I have a piece of that cake?　　[　－　　－　　]
2. I think you're right.　　　　　　　　[　－　　－　／　－　　－　]
3. You need to bring some pens, an eraser, and a notebook.

　　　　　　　　　　　　　　　　　　　[　－　　－　／　－　　－　／　－　　－　]
4. Would you like meat or fish?　　　[　－　　－　／　－　　－　]
5. Emi, what is your phone number?　[　－　／　－　　－　]

Let's Try!

Step 1: 以下の文の種類を下のア～オより選び，〈　　〉の中に書きましょう.

> ア．平叙文　イ．Yes-No 疑問文　ウ．疑問詞疑問文　エ．列挙　オ．選択疑問文

文の種類　　　　　　　　　　　　　　　　　　イントネーション・パターン

1. 〈　　〉 When will you call me?　　　　　　[　－　　－　]
2. 〈　　〉 You should be careful when you cross the street.

　　　　　　　　　　　　　　　　　　　　　　[　－　　－　／　－　　－　]
3. 〈　　〉 Are you sure that you can help me?　[　－　　－　／　－　　－　]
4. 〈　　〉 Chicken or beef?　　　　　　　　　　[　－　／　－　　－　]
5. 〈　　〉 Let me get my boots, your jacket, and his mittens.

　　　　　　　　　　　　　　　　　　　[　－　　－　／　－　　－　／　－　　－　]

Step 2: 上の 1～5 に必要ならばポーズを入れ，強勢記号を書き込みましょう.

Step 3: 上の 1～5 のイントネーション・パターンを数字と矢印（↑または↓）で表しましょう.

Lesson 10　機能語の弱形と強形 (weak form / strong form)

　Lesson 2 で述べたように，機能語は文中では基本的に強勢を受けずに発音されるが，話者の意図により強調されたり，文末でのリズムの調整が必要な場合は強勢を受けることがある．その場合は通常とは異なる特別な形で現れる．強勢を受けない通常の形を**弱形**，強勢を受ける場合の特別な形を**強形**という．（☞ 付録 4.）　第 3 強勢は，それほど強い強勢ではないが，強勢がない場合とは違い，はっきりと発音される．また第 3 強勢ではアスピレーション（☞ Practice 6）は起きない．

弱形（通常の形）		強形（特別な形）	
and [ən]	→	ánd	[ǽnd]
to [tu]	→	tó	[tʰúː] / tò [tùː]

◆**機能語が強形で現れる場合**

① be 動詞と助動詞が強勢を受ける場合：状況により第 1 強勢または第 2 強勢
　・否定詞 not とともに否定短縮形を作る場合

　　She **dôesn't** líke it.　　　It **wâsn't** vêry góod.　　　Nô, I **dón't**. (cf. Nô, I'm nót.)

　・文末に現れた場合

　　Yês, I **cán**.　　　　They will accêpt the trúth / as it **ís**.
　　Hêre you **áre**.　　　Hôw swéet you **âre**!　　（☞ Lesson 18）

② 文末に前置詞や to 不定詞がある場合：第 3 強勢

　　Whât are you rúshing **fòr**?　　　Do you hâve ánythìng / to wríte **wìth**?
　　I'd lóve **tò**.　　　　　　　　　　Whât môvie are you góing **tò**?

③ or の直前にポーズがある場合：第 3 強勢

　　Would you lîke púdding / **òr** yóghurt ?　　（☞ Lesson 9）
　　Hûrry úp, / **òr** you'll mîss the bús.
　　cf. I dôn't lîke êither côffee or téa.

④ 話者の意図で機能語自体が強調される場合：第 1 強勢

　　It's **ón** the dêsk, / nôt **únder** it.　　（☞ Lesson 15）

Let's Listen! CD 74

CD を聞き，下線部の発音記号を○で囲みましょう．

（例）It's time <u>to</u> eat.　　　　　[(tu) ・ tʰû:]

1.　I <u>can</u> eat another slice of pizza.　[kən ・ kʰǽn]

2.　I know you <u>can</u>.　　　　　[kən ・ kʰǽn]

3.　There you <u>are</u>.　　　　　[ər ・ áər]

4.　How old <u>are</u> you?　　　　[ər ・ áər]

5.　You will like <u>that</u> dress.　　[ðə(t) ・ ðǽ(t)]

6.　I don't like <u>that</u> one.　　　[ðə(t) ・ ðǽ(t)]

7.　What's <u>for</u> dinner?　　　　[fə ・ fɔ́ər]

8.　What is this <u>for</u>?　　　　　[fə ・ fɔ́ər]

9.　Yes, I <u>do</u>.　　　　　　　[du ・ dú:]

10.　<u>Do</u> you like music?　　　　[du ・ dû:]

Let's Try!

Step 1: 以下の文に必要ならばポーズを入れ，強勢記号を書き込みましょう．

　　　　　　　　　　　　　　　　　　　パターン

（例）Whât was she wríting <u>abòut</u>?　　〈　ウ　〉

1.　Tell me where it is.　　　　　　〈　　　〉

2.　Who were you talking to?　　　　〈　　　〉

3.　Would you like beer or wine? （選択疑問文）〈　　　〉

4.　I lost the silver ring that I was really fond of.　〈　　　〉

5.　They said they couldn't come.　　〈　　　〉

6.　What are you looking at?　　　　〈　　　〉

7.　Yes, we should.　　　　　　　〈　　　〉

8.　Of course, I'd like to.　　　　　〈　　　〉

Step 2: 上の1〜8に含まれる機能語の強形に下線を引きましょう．またそのパターンを下の
　　　　ア〜エより選び，〈　　　〉の中に書きましょう．

　　　ア．否定短縮形の be 動詞・助動詞　　　イ．文末の be 動詞・助動詞
　　　ウ．文末の前置詞　　　　　　　　　　エ．直前にポーズがある or

(B = Bob; E = Emi)

B: Hi, Emi. What can I get for you?

E: Hi, Bob. Can I have a slice of pizza?

B: (1)Pepperoni or cheese?

E: Cheese, please.

B: Here you (2)are.

E: I'd like to have something else. Let's see.

(3)   (4)

B: Well, (5)we have beans, potatoes, and pasta.

E: The potatoes look good. I'll have them.

(6)

B: OK. We also have two kinds of dessert.

Would you like pudding or yoghurt?

(7)   (8)

E: I'll take the yoghurt.

(Emi takes a look at her watch.)

E: I hope I have enough time to finish eating.

(9)

B: What are you rushing for?

(10)

E: I'm doing my presentation after lunch.

B: Then you should eat well.

(11)

Good food gives you energy, Emi.

(12)

E: You're right.

1. 下線部 (1) のイントネーション・パターンを数字と矢印 (↑または↓) で書き表しなさい.

   Pepperoni or cheese?　　　　　　　　[　－　－　/　－　－　]

2. 下線部 (2) の語の発音記号を○で囲みなさい.

   Here you are.　　　　　　　　　　　[　ər　・　áər　]

3. 下線部 (3) で起きる音のつながりを○で囲みなさい.

   I'd like to have something else.　　　　(Linking ・ Elision ・ Assimilation)

4. 下線部 (4) で起きる音のつながりを○で囲みなさい.

   Let's see.　　　　　　　　　　　　(Linking ・ Elision ・ Assimilation)

5. 下線部 (5) のイントネーション・パターンを数字と矢印 (↑または↓) で書き表しなさい.
   またポーズと強勢記号を書き込みなさい.

   (Well,) we have beans, potatoes, and pasta.　[　－　－　/　－　－　/　－　－　]

6. 下線部 (6) で起きる音のつながりを○で囲みなさい.

   The potatoes look good.　　　　　　　(Linking ・ Elision ・ Assimilation)

7. 下線部 (7) で起きる音のつながりを○で囲みなさい.

   Would you like pudding or yoghurt?　　　(Linking ・ Elision ・ Assimilation)

8. 下線部 (8) の語の発音記号を○で囲みなさい.

   Would you like pudding or yoghurt?　　　[　ər　・　ɔ́ər　]

9. 下線部 (9) の語の発音記号を○で囲みなさい

   I hope I have enough time to finish eating.　[　tu　・　tʰûː　]

10. 下線部 (10) の語の発音記号を○で囲みなさい

    What are you rushing for?　　　　　　[　fə　・　fɔ́ər　]

11. 下線部 (11) で起きる音のつながりを○で囲みなさい.

    Then you should eat well.　　　　　　(Linking ・ Elision ・ Assimilation)

12. 下線部 (12) で起きる音のつながりを○で囲みなさい.

    Good food gives you energy, Emi.　　　(Linking ・ Elision ・ Assimilation)

Dialog 3   See You at My Office

レポートの締め切りを一週間後に控えている Emi. 偶然校内で会ったブラウン先生 (Doctor Brown) にアドバイスを求めます.

(D = Dr. Brown; E = Emi)

D: How's your project, Emi?

E: I've been working very hard, but I can't find enough material.

D: You still have a week, don't you?

Have you looked through the recommended books?

E: I've checked them out, but I need more information to support my ideas.

D: Let's see. I might have a few books that could help you.

E: Really? May I borrow them?

D: Sure. You know my office on the third floor?

Will you stop by later?

E: Oh, I thought it was on the second floor.

D: I just moved last week.

E: I see. When would be convenient for you?

D: How about 3:30 (three thirty)?

E: All right. I'll see you at your new office.

Thank you so much, Dr. Brown.

I really appreciate your time and help.

D: Not at all.

Vocabulary List with IPA

CD
76-77

（☆は機能語の強形，★は二音節以上の機能語を表す．各々は
Dialog で使われる強勢で表記している．）

Vowels

/ iː /	three [θríː]	
/ i /	been [bin]	
/ e /	when [wén, hwén]	
/ æ /	thank [θǽŋk]	
/ ə /	but [bət]　have [həv]　that [ðət]	
/ ər /	your [jər]　thirty [θə́rti]	
/ uː /	☆you [jùː]　few [fjúː]	
/ u /	looked [lúkt]　books [búks]	
/ ɔː /	thought [θɔ́ːt]　all [ɔ́ːɫ]	
/ ɑ /	borrow [bárou]　not [nát]	
/ ei /	may [mei]　later [léitər]	
/ ai /	I've [aiv]　☆might [máit]	
/ au /	out [áut]　★about [əbaut]	
/ ou /	don't [dóunt]　know [nóu]	
/ ɔər /	more [mɔ́ər]　floor [flɔ́ər]	
/ ɑər /	hard [hɑ́ərd]	

Consonants

/ p /	support [səphɔ́ərt]　appreciate [əphríːʃièit]	
/ b /	by [bái]　Brown [bráun]	
/ t /	material [məthíəriɫ]	
/ d /	ideas [aiɖíːəz]　Dr. (Doctor) [dáktər]	
/ k /	second [sékənd]	
/ f /	find [fáind]　office [áfəs]	
/ v /	very [véri]　convenient [kəɱvíːnjənt]	
/ θ /	through [θru]　third [θə́rd]	
/ s /	stop [stáp]　so [sóu]	
/ z /	how's [háuz]　was [wəz]	
/ ʃ /	information [ìɱfərméiʃən]	
/ h /	how [háu]	
/ tʃ /	checked [tʃékt]　much [mʌ́tʃ]	
/ dʒ /	project [phrádʒèkt]　just [dʒʌ́st]	
/ m /	recommended [rèkəméndəd]　moved [múːvd]	
/ n /	need [níːd]　on [ɑn]	
/ l /	[l]　really [ríːəli]　[ɫ]　still [stíɫ]	
/ w /	working [wə́rkiŋ]　will [wiɫ]	

Lesson 11　音のつながり V　同化 (assimilation) (2)

　単語の境界で子音が並んだ場合，後ろにある子音の影響を受けて，前にある子音が後ろの子音に似た音に変わることがある．これを**逆行同化**という．その 1 つに**調音点の同化**がある．前方の単語の語末子音が，後方の単語の最初の子音と同じ調音点になる現象である．相互同化の場合と同様，同化が起きているところにスラーと A をつけて表す．（☞ Lesson 8）

① 調音点の同化：n の同化
　[n] の直後に以下のような子音が続く場合は，その子音と同じ調音点の鼻音になる．

・[n] + [p, b, m] の場合 [n] → [m]

　　in particular　　　　　　　　　　　　　　　　ten boys

　　[in pərtʰíkjələr] → [im‿pərtʰíkjələr]　　　[tʰén bɔ́iz] → [tʰém‿bɔ́iz]
　　　　　　　　　　　　　　　A　　　　　　　　　　　　　　　　　　　A

　直後にある子音が [m] の場合には，同化の結果，同じ子音が単語の境界で連続することになるので脱落も起きる．その場合にはスラーの下に A+E と書いて表す．

　　in mind

　　[in máind] → [im‿máind] → [i(m)‿máind]
　　　　　　　　　　　　A　　　　　　　　　A＋E

・[n] + [f, v] の場合 [n] → [ɱ]　　　ɱ：[m] を発音する時点で [f, v] の口の形をつくる

　　in front　　　　　　　　　　　　　　　brown vest

　　[in frʌ́nt] → [iɱ‿frʌ́nt]　　　　　[brâun vést] → [brâuɱ‿vést]
　　　　　　　　　　A　　　　　　　　　　　　　　　　　　　　A

・[n] + [θ, ð] の場合 [n] → [n̪]　　　n̪：[n] を発音する時点で [θ, ð] の口の形をつくる

　　one thousand　　　　　　　　　　　　on the third floor

　　[wʌ́n θáuzənd] → [wʌ́n̪‿θáuzənd]　　[ɑn ðə] → [ɑn̪‿ðə]
　　　　　　　　　　　　　A　　　　　　　　　　　　　　　A

・[n] + [k, g] の場合 [n] → [ŋ]

　　green cup　　　　　　　　　　　　　ten girls

　　[grî:n kʰʌ́p] → [grî:ŋ‿kʰʌ́p]　　　[tʰén gə́rɫz] → [tʰéŋ‿gə́rɫz]
　　　　　　　　　　　A　　　　　　　　　　　　　　　　　A

② 調音点の同化：m の同化
　[m] の直後に [f, v] が続く場合は，同じ調音点の鼻音 [ɱ] になる．

・[m] + [f, v] の場合 [m] → [ɱ]

　　I'm from Japan　　　　　　　　　　some vases

　　[aim frəm] → [aiɱ‿frəm]　　　　[səm véisəz] → [səɱ‿véisəz]
　　　　　　　　　　A　　　　　　　　　　　　　　　　　A

Let's Listen! CD ○ 78

Step 1: CD を聞き, ( ) に単語を書き入れましょう.

同化のパターン

1. You ( ) ( ) me anytime. 〈 〉
2. See you ( ) ( ). 〈 〉
3. Where do you ( ) ( )? 〈 〉
4. You'd better go to the lost ( ) ( ) office. 〈 〉
5. I have a doctor's appointment ( ) ( ). 〈 〉

Step 2: もう一度 CD を聞き, 同化のパターンを下のア〜オより選び, 1〜5 の〈 〉の中に書きましょう.

ア. [n → (m)]　イ. [n → m̩]　ウ. [n → n̪]　エ. [n → ŋ]　オ. [m → m̩]

Let's Try!

下線部の発音記号を書き, 音のつながりをスラーと L・E・A で表しましょう.

（例） bread a**nd b**utter
[n b] → [m‿b]
A

i**n the** box
[n ð] → [n̪‿ð]
A

1. clea**n c**ups
[n kʰ] → [ ]

2. i**n n**inetee**n f**orty (1940)
[n n] → [ ] [n f] → [ ]

3. sal**t and p**epper
[t ən pʰ] → [ ]

4. invite so**me f**riends
[m f] → [ ]

5. te**n th**ousands
[n θ] → [ ]

6. o**n v**acation
[n v] → [ ]

7. i**n m**y room
[n m] → [ ]

8. i**n tho**se days
[n ð] → [ ]

9. our kitche**n g**arden
[n g] → [ ]

10. the sa**me v**iew
[m v] → [ ]

11. rhyth**m and bl**ues
[m ən b] → [ ]

12. o**n the** table
[n ð] → [ ]

Lesson 12　音のつながり VI　同化 (assimilation) (3)

① 調音点の同化：[θ, ð] による同化

[t, d, n, ɬ] の直後に歯音の子音 [θ, ð] が続く場合も**調音点の同化**が起きる．前方の単語の語末の [t, d, n, ɬ] を発音する時点で，後方の単語の最初の子音の [θ, ð] の口の形を作る．この音は，[t̪, d̪, n̪, ɬ̪] のように下に歯音の記号 ̪ をつけて表す．なお，[t] と [d] は閉鎖音なので，このとき同化だけでなく脱落も起きる．

・[t, d, n, ɬ] ＋ [θ, ð] の場合

　[t] → [t̪]　　　at three
　　　　　　　　　　[ət θríː] → [ə(t̪)‿θríː]
　　　　　　　　　　　　　　　　　　A＋E

　[d] → [d̪]　　　need them
　　　　　　　　　　[níːd ðəm] → [níː(d̪)‿ðəm]
　　　　　　　　　　　　　　　　　　　A＋E

　[n] → [n̪]　　　in the
　　　　　　　　　　[in ðə] → [in̪‿ðə]　(☞ Lesson 11)
　　　　　　　　　　　　　　　A

　[ɬ] → [ɬ̪]　　　sell them
　　　　　　　　　　[séɬ ðəm] → [séɬ̪‿ðəm]
　　　　　　　　　　　　　　　　　A

② 無声化

有声摩擦音 [v, ð, z] は，直後に無声音が続いた場合に**無声化**して [f, θ, s] になることがある．これも，後ろの無声音に引きずられて前の有声音が無声音になるので，逆行同化の1つである．この無声化は常に起こるわけではなく，have to のように熟語として定着している成句，強勢を受けない語，3人称単数や複数を表す s，所有を表す 's などの接尾辞に起きる．

・[v, ð, z] ＋ 無声音の場合

　[v] → [f]　　　of course　　　　　　　　　　have to
　　　　　　　　　　[əv kʰɔ́ːrs] → [əf‿kʰɔ́ːrs]　　[hǽv tu] → [hǽf‿tu]
　　　　　　　　　　　　　　　　　A　　　　　　　　　　　　　　　A

　[ð] → [θ]　　　with sugar
　　　　　　　　　　[wið ʃúgər] → [wiθ‿ʃúgər]
　　　　　　　　　　　　　　　　　A

　[z] → [s]　　　men's hat　　　　　　　　　　(He) plays tennis
　　　　　　　　　　[mênz hǽt] → [mêns‿hǽt]　　[plêiz tʰénəs] → [plêis‿tʰénəs]
　　　　　　　　　　　　　　　　　A　　　　　　　　　　　　　　　　　　A

無声化の結果，単語の境界で同じ子音が重なれば，脱落も起きる．

　[z] → [s]　　　his students
　　　　　　　　　　[hiz stjúːdənts] → [his‿stjúːdənts] → [hi(s)‿stjúːdənts]
　　　　　　　　　　　　　　　　　　　　　A　　　　　　　　　　A＋E

Let's Listen! CD ○ 79

Step 1: CD を聞き, (　) に単語を書き入れましょう.

同化のパターン

1. He (　　　　) (　　　　　　) finish that job first. 〈　　　　〉
2. Please (　　　　) (　　　　　) package by airmail. 〈　　　　〉
3. (　　　　) (　　　　) about it. 〈　　　　〉
4. Our meeting will be held (　　　　) (　　　　　) second floor. 〈　　　〉
5. She (　　　　) (　　　　) the gate. 〈　　　　〉

Step 2: もう一度 CD を聞き, 同化のパターンを下のア〜キより選び, 1〜5の〈　　〉の中に書きましょう.

ア. [t → (t̬)]　　イ. [d → (d̬)]　　ウ. [n → n̬]　　エ. [ɫ → ɫ̬]
オ. [v → f]　　カ. [ð → θ]　　キ. [z → s]

Let's Try!

下線部の発音記号を書き, 音のつながりをスラーと L・E・A で表しましょう.

（例）　made this gift
　　　[d ð] → [(d̬) ð]
　　　　　　　　　A+E

　　　of course
　　　[v kʰ] → [f kʰ]
　　　　　　　　　A

1. in the kitchen
[n ð] → [　　　　]

2. call them
[ɫ ð] → [　　　　]

3. a cup of coffee
[p əv kʰ] → [　　　　]

4. wrote this letter
[t ð] → [　　　　]

5. should have found
[d əv f] → [　　　　]

6. the main thesis
[n θ] → [　　　　]

7. should thank your friends
[d θ] → [　　　　]

8. with people
[ð pʰ] → [　　　　]

9. I don't think so.
[t θ] → [　　　　]

10. She is six years old.
[z s] → [　　　　]

11. have to
[v t] → [　　　　]

12. a small thing
[ɫ θ] → [　　　　]

Lesson 13　句動詞 (phrasal verbs)

「動詞 + 副詞」の形で結合し，1つの動詞として機能するものを**句動詞**と呼ぶ.

① 他動詞として機能する句動詞（目的語をとる）

動詞＋副詞＋名詞句＝第2強勢（⌢）＋第2強勢（⌢）＋第1強勢（´）

　　　chêck ôut the bóoks　　　**hând ôut** the páper　　　**chêer ûp** Jámes

ただし目的語が代名詞の場合には語順が変わり，強勢は次のようになる.

　　　chêck them óut　　　　　　**hând** it óut　　　　　　**chêer** him úp

② 自動詞として機能する句動詞（目的語をとらない）

動詞 ＋ 副詞 ＝第2強勢（⌢）＋ 第1強勢（´）

　　　côme ín　　　　**sît dówn**　　　　**stând úp**　　　　**stôp bý**

②に名詞や代名詞が続く場合には前置詞が入るので，強勢は次のようになる.

　　　sît dówn <u>on</u> it　　　　　　　down は副詞（内容語），on は前置詞（機能語）
　　　lôok fôrward <u>to</u> the párty　　　forward は副詞（内容語），to は前置詞（機能語）

「句動詞ってどうやって見つけるの？」

　句動詞は「動詞＋副詞」で，後ろ部分の副詞は内容語である．それに対して「動詞＋前置詞」の場合は後ろ部分が前置詞で機能語である．これらを区別するためには，目的語を代名詞に変えてみればよい．句動詞の場合には目的語を代名詞に変えると語順も変わるが，「動詞＋前置詞」の場合には目的語を代名詞に変えても語順は変化しない．それぞれの強勢は次のようになる.

　句動詞「動詞＋副詞」　　動詞＋副詞＋名詞句（句動詞）　　**chêck ôut** the bóoks
　　　　　　　　　　　　動詞＋代名詞＋副詞（句動詞）　　**chêck** <u>them</u> óut

　「動詞＋前置詞」　　　　動詞＋前置詞＋名詞句　　　　　　**lôok** at the píctures
　　　　　　　　　　　　動詞＋前置詞＋代名詞　　　　　　**lóok** at <u>them</u>

　副詞と前置詞の早見表

	動詞の後ろ
副詞	up, down, out, away など
前置詞	for, to, from, at, into など
副詞または前置詞	in, on, by など

Let's Listen!

CD
○
80-81

Step 1: CD を聞き，（　　）に単語を書き入れましょう．

1. It is getting cold. Would you (　　　　　) (　　　　　　　　) the heater?

2. Why don't you (　　　　) (　　　　　) your coat and (　　　　) (　　　　)?

3. I usually (　　　　) (　　　　　) at seven.

4. I'm really (　　　　) (　　　　　) to seeing you soon.

Step 2: CD を聞き，強勢記号を書き込みましょう．

1a. I can pick up his sister.   b. I can pick her up.

2a. You have to check in your bags.   b. You have to check them in.

Let's Try!

Step 1: 以下の文に含まれる句動詞に下線を引き，文全体に強勢記号を書き込みましょう．

（例）　You should gîve awây your clóthes / to your bróther.

1. She checked over the list / and pointed out the errors.

2. His plane is going to take off / in a minute.

3. We had to put off the meeting / till next Monday.

4. I can't make out what you're saying.

5. He hung up the phone / and ran away.

Step 2: 下線部が副詞か前置詞かを○で囲み，文全体に強勢記号を書き込みましょう．

1a. I'll put it <u>on</u>.   1b. I'll put it <u>on</u> the table.
（　副詞　・　前置詞　）   （　副詞　・　前置詞　）

2a. They stopped the car <u>by</u> the school.   2b. They stopped <u>by</u> after the meeting.
（　副詞　・　前置詞　）   （　副詞　・　前置詞　）

3a. He got <u>in</u> through the window.   3b. He got the books <u>in</u> the car.
（　副詞　・　前置詞　）   （　副詞　・　前置詞　）

Lesson 14 イントネーション － 付加疑問文 (intonation – tag question)

　列挙や選択疑問文と並んで，特別なイントネーション・パターンをとるものに，付加疑問文がある．

　付加疑問文のコンマの後ろに加えられた部分（以下「付加部分」と呼ぶ）は，最初の語（助動詞・be動詞）が第1強勢，文末の語（代名詞）が第3強勢となる．これは，付加部分が肯定の場合も否定の場合も同じである．

　付加部分の直前（コンマがあるところ）には必ずポーズが入り，ポーズ前のイントネーション・パターンは [2−3−1↓] となる．[2−3−1↓] が用いられるのは本来は文末であるが，付加疑問文だけは例外で，文中であるにもかかわらず付加部分の前でピッチがレベル1まで下がる．付加部分のイントネーション・パターンは，話者の発話意図によって異なる．

① 同意を求める場合：[2−3−1↓ / 3−1↓]
　述べている内容について話者が確信を持っていて，相手に同意を求めたり語調を和らげる意図で用いられる場合には，付加部分は下降イントネーションの [3−1↓] で発音される．

You stîll hâve a wéek, ↓ / dón't yòu? ↓

[ju stî⊢ hæv ə wiːk ↓ / dóunt∫ù: ↓]
2   L   1   1
                       A

It snôws a lót thêre, ↓ / dóesn't ìt ? ↓

[i(t) snôuz ə lá(t) ðêər ↓ / dʌ́zənt ìt ↓]
2   E   L   1   1   L
                 A+E

② 確信を持てない場合：[2−3−1↓ / 3−3↑]
　話者が内容について確信を持っておらず，相手または自分に対して「〜だったかな？」という軽い問いかけの意図で用いられる場合には，付加部分は上昇イントネーションの [3−3↑] で発音される．

I tóld you, ↓ / dídn't Ì?　↑

[ai tʰóu⊢dʒu ↓ / dídənt ài ↑]
2   1   L
        A

Step 1: CD を聞き，(　　) に単語を書き入れましょう。

イントネーション・パターン

1. You (　　　　　) visit us, (　　　　　) (　　　　　)?　　[　－　－　／　－　]
2. I (　　　　　) you, (　　　　　) (　　　　　)?　　[　－　－　／　－　]
3. She's (　　　　　) your sister, (　　　　) (　　　　)?　[　－　－　／　－　]
4. We (　　　　) call her, (　　　　) (　　　　)?　　[　－　－　／　－　]
5. They (　　　　) good students, (　　　　) (　　　　)? [　－　－　／　－　]

Step 2: もう一度 CD を聞き，上の 1〜5 のイントネーション・パターンを数字と矢印（↑または↓）で表しましょう。

Step 3: CD を聞き，以下の文のイントネーション・パターンを数字と矢印（↑または↓）で表しましょう。

イントネーション・パターン

1. Would you like fish or beef?　　　　　[　－　－　／　－　－　]
2. Who called me yesterday?　　　　　　[　－　－　]
3. Does she go to school?　　　　　　　[　－　－　]
4. You didn't read that book, did you?　　[　－　－　／　－　]
5. I bought beer, a bottle of wine, and some snacks. [　－　－　／　－　－　／　－　－　]

Let's Try!

以下の文に必要ならばポーズを入れ，強勢記号を書き込み，ペアで発音しましょう。

1. A: Your boss will give me a call, won't she? （同意を求める場合）

   B: I'll tell her. When would be convenient for you?

2. A: You remember my brother, don't you? （同意を求める場合）

   B: Of course. How's he doing?

3. A: He didn't go to the meeting, did he? （確信を持てない場合）

   B: Oh, it was canceled. Didn't you know that?

4. A: Your mother was a famous actress, wasn't she? （確信を持てない場合）

   B: Yes, she was.

Lesson 15　話者の意図と強勢 (stress with speaker's intention)

(☞ Lesson 10 ④)

　文脈や発話の状況から最も大事だと思われる情報や，話者が一番強調したい語は，それらの語が内容語であるか機能語であるかに関わらず，優先的に第1強勢を受ける．その場合にはポーズ直前および文末の内容語は第2強勢になる．優先的に第1強勢を受けるものには，例えば以下のようなものがある．

① 疑問詞疑問文の答え

　　　A: Whât **cólor** of the shôes did you bûy?　　B: I bôught **réd** shôes.

② 固有名詞

　　　I wênt to **Sýdney** with my sîster.

③ 数詞・序数詞
　数詞・序数詞とそれに続く<u>被修飾名詞</u>も優先的に第1強勢を受ける[6]．

　　　I pût **twó bóoks** on the dêsk.
　　　My ôffice is on the **thírd flóor**.
　　　The bôok was pûblished in **twó thóusand tén** (2010).

④ 対比
　「A ではなくて B」のように2つのものを対比する場合，対比されている A と B の語は強調される．「A は●だが，B は△である」という対比の場合は，A と B，●と△がそれぞれ対比されているため，ポーズで区切られた1つのまとまりの中に，例外的に第1強勢が2ヶ所現れる．

　　　It's **ón** the dêsk, / nôt **únder** it. ↓

　　　Hé wânts to gô to a **móvie**, / but **Í** wânt to gô to a **cóncert**. ↓

⑤ 新情報
　会話では頻繁に話題が入れ替わる．すでに話題になっている内容や話の流れから推測できる内容を**旧情報**という．旧情報は最も右側にある内容語でも第2強勢になる．反対に，会話の中で新たに紹介される語や内容を**新情報**といい，第1強勢を受ける．（☞ Lesson 2　第1強勢の位置）

　　　A：Do you hâve a dóg?
　　　B：Yés, / I hâve a bíg dôg.
　　　（big が新情報，dog は文末だが旧情報）

⑥ アピールなど

　　　We are wâiting for ***yóur*** hêlp.「（他の誰でもなく）あなたの」

---

　[6] 固有名詞や数詞・序数詞のように「第1強勢＋第1強勢」という強勢パターンでは，それらの単語は合わせて1つの**第1強勢語群**として捉えられている．従って，第1強勢はポーズで区切られたまとまりの中に"1つ"というよりもむしろ"1ヶ所"と考えられる．

Let's Listen! CD ○ 84-85

Step 1: CD を聞き, 以下の文に必要ならばポーズを入れ, 第 1 強勢を書き込みましょう（ポーズで区切られた各まとまりに必ず 1 ヶ所はある）. また, それぞれの第 1 強勢の理由を ①～③ より選び, ⟨　⟩ の中に書きましょう.

理由

1. Last week, we went to the zoo. This week, we will go to a museum.　⟨　⟩

2. My daughter was born on December thirteenth in London.　⟨　⟩

3. I usually get up at six thirty.　⟨　⟩

4. He went to Rome, but I went to Milan.　⟨　⟩

5. There were forty students in the class.　⟨　⟩

> ① 固有名詞　② 数詞・序数詞（＋名詞）　③ 対比

Step 2: CD を聞き, 以下の 1～4 の文に第 1 強勢を書き込みましょう. また, その文にふさわしい質問文をア～エより選び, ・と・を線で結びましょう.

質問文

1. He bought a blue sweater.　・　　・ア．Which color of sweater did he buy?

2. He bought a blue sweater.　・　　・イ．Who bought a blue sweater?

3. He bought a blue sweater.　・　　・ウ．What did he buy?

4. He bought a blue sweater.　・　　・エ．How did he get a blue sweater?

Let's Try!

話者の意図を考えながら, 以下の文に必要ならばポーズを入れ, 強勢記号を書き込みましょう.

---

1. I met Anne James yesterday.

2. Her office was on the fifth floor, not on the sixth.

3. I borrowed three books which she suggested.

4. I couldn't have finished my project without *her* help.

5. A : I'm from Canada.

   B : Oh, my wife is from Canada, too.

(D = Dr. Brown; E = Emi)

D: How's your project, Emi?

E: ⁽¹⁾<u>I've been working very hard, but I can't find enough material.</u>

D: ⁽²⁾<u>You still have a week, don't you?</u>

  ⁽³⁾<u>Have you looked through the recommended books?</u>
    ⁽⁴⁾

E: ⁽⁵⁾<u>I've checked them out</u>, but I need more information to support my ideas.

D: Let's see. I might have a few books that could help you.

E: Really? May I borrow them?

D: Sure. ⁽⁶⁾<u>You know my office on the third floor?</u>
      ⁽⁷⁾
  ⁽⁸⁾<u>Will you stop by later?</u>

E: Oh, I thought it was on the second floor.

D: I just moved last week.

E: I see. When would be convenient for you?

D: ⁽⁹⁾<u>How about 3:30 (three thirty)?</u>

E: All right. ⁽¹⁰⁾<u>I'll see you at your new office.</u>

  Thank you so much, Dr. Brown.

  I really appreciate your time and help.

D: Not at all.

設 問

1. 下線部 (1) に必要ならばポーズを入れ，強勢記号を書き込みなさい．

I've been working very hard, but I can't find enough material.

2. 下線部 (2) のイントネーション・パターンを数字と矢印（↑または↓）で表しなさい．

You still have a week, don't you?　　　　[　　–　　–　　/　　–　　]

3. 下線部 (3) に強勢記号を書き込みなさい．

Have you looked through the recommended books?

4. 下線部 (4) の発音記号を書き，音のつながりをスラーとL・E・Aで表しなさい．

looked through
[　　　　　]

5. 下線部 (5) に強勢記号を書き込みなさい．

I've checked them out, (but . . .)

6. 話者の意図を考えながら，下線部 (6) に強勢記号を書き込みなさい．

You know my office on the third floor?

7. 下線部 (7) の発音記号を書き，音のつながりをスラーとL・E・Aで表しなさい．

on the
[　　　　　]

8. 下線部 (8) に強勢記号を書き込みなさい．

Will you stop by later?

9. 下線部 (9) に強勢記号を書き込みなさい．

How about three thirty?

10. 話者の意図を考えながら，下線部 (10) に強勢記号を書き込みなさい．

I'll see you at your new office.

Dialog 4 Happy Holidays! CD ○ 86

ルークとエミがショッピングモールで会話をしています.

(L = Luke; E = Emi)

L: Here's the best place in this shopping mall.

E: Wow. It smells great.

L: These cookies are handmade.

Chocolate chip is the most popular.

E: This would be a nice Christmas present for my family in Japan.

L: Emi, aren't you going back home during the winter holidays?

E: No. I couldn't get a ticket.

L: That's too bad.

Would you like to spend Christmas with my family in Vermont?

E: Where?

L: Vermont.

E: How nice! It snows a lot there, doesn't it?

L: Yes, it does. You've got to see it yourself.

E: I'd love to. I've always dreamt of having a *white* Christmas.

L: Good. I'm sure my parents will be excited to meet my Japanese friend.

E: Really? I can't wait to see *your* family, too.

(✩は機能語の強形，★は二音節以上の機能語を表す．各々は
Dialog で使われる強勢で表記している.)

Vowels

/ i /	excited [iksáitəd]
/ e /	best [bést]　friend [frénd]
/ æ /	family [fǽməli]　that's [ðǽts]
/ ʌ /	doesn't [dʌ́zənt]
/ ɔː /	always [ɔ́ːɫweiz]
/ ɑ /	popular [pʰɑ́pjələr]　holidays [hɑ́lədèiz]　got [gɑ́t]
/ ei /	handmade [hæ̀n(d)méid]
/ ai /	white [wáit, hwáit]
/ au /	wow [wáu]
/ ou /	most [móust]
/ iər /	here's [híərz]
/ eər /	where [wéər, hwéər]
/ ɑər /	aren't [ɑ́ərnt]
/ uər /	✩your [júər]

Consonants

/ p /	place [pléis]　parents [pʰéərənts]
/ b /	back [bǽk]　bad [bǽd]
/ t /	ticket [tʰíkət]　✩to [tùː]
/ d /	dreamt [drémt]
/ k /	cookies [kʰúkiz]　Christmas [kʰrísməs]　couldn't [kʰúdənt]
/ v /	Vermont [vərmánt]　you've [juv]
/ ð /	these [ðiːz]　this [ðís]　there [ðéər]
/ s /	smells [sméɫz]　spend [spénd]　snows [snóuz]
/ z /	✩does [dʌ́z]
/ ʃ /	shopping [ʃápiŋ]
/ h /	home [hóum]　having [hǽviŋ]
/ tʃ /	chocolate [tʃákələt]　chip [tʃíp]
/ dʒ /	Japanese [dʒæ̀pəníːz]
/ m /	mall [mɔ́ːɫ]　meet [míːt]
/ n /	nice [náis]
/ ŋ /	★during [duəriŋ]
/ l /	[l] lot [lát]　[ɫ] yourself [juərséɫf]
/ r /	present [pʰrézənt]
/ w /	winter [wíntər]

Lesson 16　合成語 (compound words)

　　合成語とは，2 つの単語が結びつくことによって別の新たな単語として定着したものをいう．合成語は，品詞によって強勢パターンが異なる[7]．

① 合成名詞：第 1 強勢 (´) ＋ 第 3 強勢 (`)

bírthdày	bláckbòard	shópping màll	bóokmàrk
síghtsèeing	úndergròund	schóol bùs	wórkbòok
búsiness càrd	fóotrèst	bédròom	swímming pòol

② 合成形容詞，合成動詞，合成副詞：第 3 強勢 (`) ＋ 第 1 強勢 (´)

・合成形容詞

hàndmáde	snòw-whíte	òverdúe	sùgar-frée

・合成動詞

ùnderstánd	òvercóme	frèeze-drý	mìsréad

・合成副詞

òutsíde	hèreáfter	thèrebý	thèreín

　　同じ語の組合せでも，合成語の場合とそうでない場合 (単なる名詞句) とでは強勢パターンが異なり，意味も変わるので注意が必要である．

合成語：第 1 強勢 ＋ 第 3 強勢		名詞句：第 2 強勢 ＋ 第 1 強勢	
yéllow càrd	「警告のカード」	yêllow cárd	「黄色のカード」
gréenhòuse	「温室」	grêen hóuse	「緑色の家」
bláckbòard	「黒板」	blâck bóard	「黒い板」
blúebìrd	「ルリツグミ (鳥の一種)」	blûe bírd	「青い鳥」

「合成語はどのように表されるの？」

　　合成語には，2 つの要素の間にハイフンを入れるものや離して表記するものもある．

nótebòok	chéck-ìn	bús stòp

---

　[7] 上記の例が示すように，合成名詞は「第 1 強勢＋第 3 強勢」，それ以外の合成語は「第 3 強勢＋第 1 強勢」となることが多い．これとは異なる表れ方をする合成語も若干あるが，本テキストでは主たる強勢パターンのみを扱うことにする．

Let's Listen!
CD
○
89-90

Step 1: CD を聞き，以下の語に強勢記号を書き込みましょう．また辞書で調べて〈　　〉の
中に品詞（合成名詞・合成動詞・合成形容詞・合成副詞）を書きましょう．

1. tea break 〈　　　　〉　2. overseas 〈　　　　〉　3. good-looking 〈　　　　〉
4. cookbook 〈　　　　〉　5. fire engine 〈　　　　〉　6. cream puff 〈　　　　〉
7. ball game 〈　　　　〉　8. update 〈　　　　〉　9. input 〈　　　　〉
10. handmade 〈　　　　〉　11. undertake 〈　　　　〉　12. pullover 〈　　　　〉

Step 2: CD を聞き，発音されたほうの強勢パターンを○で囲み，意味を考えましょう．

1. Do you live in the (grêen hóuse / gréenhòuse) on the corner?

   [意味] grêen hóuse: _____　　gréenhòuse: _____

2. The (dâncing gírl / dáncing gìrl) is my friend.

   [意味] dâncing gírl: _____　　dáncing gìrl: _____

3. I'm ashamed of having got a (yêllow cárd / yéllow càrd).

   [意味] yêllow cárd: _____　　yéllow càrd: _____

4. My father is working in a (dârk róom / dárkròom) developing film.

   [意味] dârk róom: _____　　dárkròom: _____

Let's Try!

Step 1: 以下の合成語を辞書で調べて強勢記号を書き込みましょう．また〈　　〉の中に品詞
（合成名詞・合成動詞・合成形容詞・合成副詞）を書きましょう．

1. bus stop 〈　　　　〉　2. undergo 〈　　　　〉　3. brand-new 〈　　　　〉
4. grandmother 〈　　　　〉　5. nearby 〈　　　　〉　6. heatstroke 〈　　　　〉
7. credit card 〈　　　　〉　8. malnourished 〈　　　　〉　9. weekend 〈　　　　〉

Step 2: 以下の文に必要ならばポーズを入れ，強勢記号を書き込みましょう．

1. The White House is actually a white house.
2. I have a cookbook that tells how to make cream puffs.
3. She had a trouble using her credit card last weekend.
4. I'd like to see a ball game with my grandmother in Boston.
5. One of these three fire engines is very old-fashioned.

Lesson 17　名詞連続 (noun series)

名詞連続とは，1つのものを表すために2つの名詞を並べることをいう．

名詞 A ＋ 名詞 B　　「大学」と「歌」の2つの意味ではなく，
college　　song　　「大学歌」「カレッジ・ソング」という一
「大学」　　「歌」　　つの意味を作る．

「BはAである」や「BはAでできている」の関係の場合，名詞Aと名詞Bの強勢は，形容詞＋名詞と同じ「第2強勢＋第1強勢」になるが，この関係が成り立たない場合は，「第1強勢＋第2強勢」となり，名詞Aが名詞Bよりも強く発音される．

名詞 A	名詞 B		
a Frênch	téacher	（フランス人の先生）	B ＝ A
a Frénch	têacher	（フランス語の先生）	B ≠ A
a hístory	têacher	（歴史の先生）	B ≠ A

「合成名詞と名詞連続は何が違うの？」

　名詞連続は，合成名詞と似ていて区別しにくいが，合成名詞との違いは，句としての組み合わせが定着していないことである．従って，いずれこの組み合わせが定着して合成名詞になる可能性もある．定着の度合があいまいなものは，辞書により扱いが異なる．

	辞書 A	辞書 B
orange juice	órange jùice （合成語）	記載なし （名詞連続）
phone number	記載なし （名詞連続）	phóne nùmber （合成語）

Let's Listen!

CD を聞き，より強く発音されている語に第 1 強勢を書き込みましょう．

1. dance school

2. art major

3. soccer shoes

4. application form

5. magic show

6. birthday cards

Let's Try!

Step 1: 以下の文に含まれる名詞連続に下線を引きましょう．また，必要ならポーズを入れ，強勢記号を書き込みましょう．

1. We have to discuss our class project before the school festival.

2. We had our family picture taken at this photo studio.

3. Did you find the curry restaurant I was talking about?

4. We took our graduation photo just a month before the ceremony.

Step 2: 辞書で調べて以下の文に含まれる合成名詞には波線 〰 を，名詞連続には下線を引きましょう．また，強勢記号を書き込みましょう．

1. Please go to the shopping mall / and meet the store clerk.

2. Let's have a tea break / after the staff meeting.

3. He wants to see action films, / but I'd rather see love comedies.

4. There is a bus stop / near a nail salon.

5. The coffee shop in the city library / is my favorite place.

Lesson 18　感嘆文・最上級・強調語 (exclamation, superlative, emphasis)

　ここまでにも特別なイントネーション・パターンをとるものや，優先的に第1強勢を受けるものを見てきたが，ここではそれ以外の特別なパターンを挙げる．

◆**感嘆文：[2 – 4 – 1 ↓]**

　感動や驚きを表す感嘆文では，その状況により感動または強調の中心になる語が第1強勢を受ける．その場合には，第1強勢を受ける音節のピッチは最も高いレベル4になる．ピッチがレベル4になるのは感嘆文の場合のみである．

　₂Hôw **kínd** of you! ↓

　₂Whât a **cúte** dôg! ↓

　₂Hôw **fást** the dôg rûns! ↓

◆**最上級：[2 – 3 – 1 ↓]**

　最上級の文では，最上級を表す形容詞や副詞が第1強勢を受ける．most をつける最上級の場合には，most の後ろにある語 (形容詞／副詞) が第1強勢を受け，most は第2強勢になる．

　₂Thîs is the **bíggest** lâke / in Japân. ↓

　₂Hêre is the **bést** rêstaurant / in this shópping màll. ↓

　₂Thât is the môst **excíting** stôry. ↓

　₂He rûns **fástest** in the clâss. ↓

◆**強調語：[2 – 3 – 1 ↓]**

　強調のために挿入された語を**強調語**といい，第1強勢を受ける．強調語は，たとえそれを省いたとしても強調の意味がなくなるだけで，基本的な文の意味は変化しない．

　₂She **dóes** lîke shôpping. ↓　(does は動詞 like を強調する強調語)　　cf. She lîkes shópping. ↓

　₂I **díd** gô fîshing. ↓　　　　(did は動詞 go を強調する強調語)　　cf. I wênt físhing. ↓

　₂I **mysélf** rêalìze thât. ↓　　(myself は主語 I を強調する強調語)　　cf. I réalìze thât. ↓

Let's Listen! CD ○ 92

CD を聞き，第 1 強勢を書き込みましょう．また，イントネーション・パターンを数字と矢印 (↑または↓) で表しましょう．

イントネーション・パターン

（例）　She is the fástest runner in town.　[　2 ‐ 3 ‐ 1　↓]

1.　I found the most useful book.　　[　　‐　　‐　　]

2.　He did write this book.　　　　　[　　‐　　‐　　]

3.　This is the best book of all.　　　[　　‐　　‐　　]

4.　What a sweet sister!　　　　　　[　　‐　　‐　　]

5.　What is your sister's name?　　　[　　‐　　‐　　]

6.　How smart of you!　　　　　　　[　　‐　　‐　　]

7.　How about a smart dog?　　　　　[　　‐　　‐　　]

Let's Try!

以下の文に強勢記号を書き込みましょう．また，イントネーション・パターンを数字と矢印 (↑または↓) で表しましょう．

1.　How kind of you / to help me move!　　[　　‐　　‐　/　‐　　‐　　]

2.　It does hurt, / doesn't it?　　　　　　　[　　‐　　‐　/　‐　　]

3.　It was the best film / I'd ever seen.　　　[　　‐　　‐　/　‐　　‐　　]

4.　She knitted the socks herself / during the break. [　‐　　‐　/　‐　　‐　　]

5.　What a great plan / you've come up with!　[　　‐　　‐　/　‐　　‐　　]

6.　How did you know / that I live in the oldest house / in the village?

　　　　　　　　　　　　　[　　‐　　‐　/　‐　　‐　/　‐　　‐　　]

7.　I did read the report / you were working on.　[　　‐　　‐　/　‐　　‐　　]

8.　We saw the most romantic movie last night.　[　　‐　　‐　　]

Lesson 19　強勢の移動・弱化・強化 (word stress shift)

Lesson 2 で述べたように英語は強勢拍リズムの言語である．このリズムを保つために強勢が別の音節に移動したり，本来より弱く発音されたり，強く発音されたりすることがある．

◆リズムによる**語強勢の移動**

下の 2 つの条件で単語が続くと，単語 A の強い語強勢が一番前の音節に移動する．これは単語の境界で強い強勢が連続することを避けることで強勢拍リズムを保つためである．強い強勢を受けなくなった音節には，代わりに弱い強勢 (第 3 強勢) を置く．

$$\boxed{\text{単語 A}} + \boxed{\text{単語 B}}$$

・単語 A は 2 音節以上の単語で，一番後ろの音節に強い語強勢がある．
・単語 B は最初の音節に強い語強勢がある．

(● は強い強勢，○ はあまり強くない強勢，。は強勢がないことを表す)

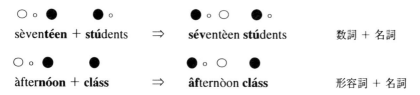

◆リズムによる**文強勢の弱化・強化**

① 文強勢の弱化

名詞や形容詞が複数の修飾語で修飾されている場合は内容語が 3 語以上並ぶことになるが，それらの修飾語が単音節あるいは比較的短い語であれば，リズムを保つために真ん中の内容語が少し弱めに発音されることがある．(注：強勢記号は変わらない)

② 文強勢の強化

機能語が 3 語以上並んだ場合，リズムを保つために真ん中の機能語が少し強めに発音されることがある．(注：強勢記号は変わらない)

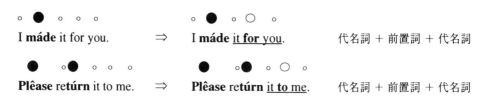

Let's Listen! CD ○ 93-95

Step 1: CD を聞き，第 1 強勢を書き込みましょう．また，強勢の移動に注意し句全体に強勢記号を書き込みましょう．

1. late afternoon   2. afternoon news   3. afternoon enjoyment

4. nineteen ninety-eight (1998)   5. December nineteenth (19th)

Step 2: CD を聞き，少し弱めに発音されている語を○で囲みましょう．

1. five dollar bill   2. so much more   3. seven o'clock show

Step 3: CD を聞き，下線部において，少し強めに発音される語を○で囲みましょう．

1. She gave <u>it to me</u>.   2. <u>There will be a</u> meeting tomorrow.

Let's Try!

Step 1: 以下の文に強勢の移動に注意し強勢記号を書き込みましょう．

1. I'm overwhelmed / with your handmade gift.

2. Did you go to the Japanese restaurant / on Fifth Avenue?

3. This application form / has been translated into thirteen languages.

4. I'll have some tea / with a brand-new cup.

Step 2: 以下の文で，内容語あるいは機能語が 3 つ以上連続している部分に下線を引きましょう．また，強勢の弱化・強化が起こる語を見つけて○で囲み，その下に弱・強と書きましょう．

（例） I'd be delighted <u>if</u> you could come.
　　　　　　　　　　　　弱

1. She simply wanted to be with you.

2. Thank you so very much.

3. Will you write it down and bring it to me?

4. Having new experiences is so much fun.

Lesson 20 話者の意図とイントネーション
(intonation with speaker's intention)

同じ文でも，異なるイントネーションで発音されることで意味が変わる場合がある．例えば以下のようなものがある．

① Excuse me?

a は話しかけているが，b は聞こえなかったので聞き返している．

a. ₂Excúse me, but ...　　（失礼ですが…）

b. ₂Excúse me? ↑　　（今，何とおっしゃいましたか）

② Where?

a は疑問詞疑問文で「学校」という情報よりもさらに詳しい「学校の中のどこなのか」をたずねている．一方 b は聞き返しであり，at school が聞こえなかったので，もう一度その部分を繰り返してもらうことを要求している．

a. A: ₂I sâw him at schóol yêsterday. ↓

　B: Whére? ↓　　（学校のどこで？）

　A: ₂At the líbrary. ↓

b. A: ₂I sâw him at schóol yesterday. ↓

　B: Whére? ↑　　（え？どこだって？）

　A: ₂At schóol. ↓

③ Tim?

a の Tim は単なる会話文中の人物名だが，b では Tim に呼びかけている．

a. ₂Hôw's your brôther Tím? ↓　　（弟のティムは元気ですか？）

b. ₂Hôw's your bróther, / Tím? ↑　　（弟さんは元気ですか，ティム？）

④ Tea or coffee?

a は選択疑問文で，紅茶かコーヒーのいずれかを選ぶように求めている．b は Yes-No 疑問文で，紅茶かコーヒーのような「何か飲み物」が欲しいかをたずねている．

a. A: ₂Would you lîke téa ↑ / òr cóffee? ↓（紅茶，それともコーヒーにしますか？）

　B1: Téa, plêase. ↓　　B2: Cóffee would be grêat. ↓

b. A: Would you lîke têa or cóffee? ↑　　（紅茶やコーヒーなどの飲み物はいかがですか？）

　B1: Yês, pléase. ↓　　B2: Nô, thánk you. ↓

Let's Listen! CD ○ 96

CD を聞き，以下の会話の文末のイントネーションを↓または↑で表しましょう．また，意味
も考えましょう．

~At the bookstore~

1. A: Do you have the book I ordered last week? [　　　]

   B: Pardon me? [　　　]

   A: Do you have the book I ordered last week?

~At the club meeting~

2. A: Let's meet at school.

   B: Where? [　　　]

   A: How about inside the entrance hall? [　　　]

   B: Where? [　　　]

   A: Inside the entrance hall, I said.

Let's Try!

話者の意図を考えながら，以下の会話の文末のイントネーションを↓または↑で表しましょう．

1. A: Would you like some ice cream or cake? [　　　]

   B: No, thank you. I'm quite full, but I have a room for a drink.

   A: OK. Then, would you like tea or coffee? [　　　]

   B: Coffee please.

2. A: Shall we go to the movies this weekend? [　　　]

   B: Sure. When? [　　　]

   A: Is Saturday night OK with you? [　　　]

   B: Yes. Do you mind if I bring my sister with me? [　　　]

   A: Not at all. I'd like to meet her.

3. A: You take Dr. Brown's class, don't you? [　　　] （同意を求める場合）

   B: I'm afraid not.

   A: What? [　　　]

   B: I don't take his course.

   A: Why not? [　　　] He is a fantastic teacher.

4. A: Where is your brother Bobby? [　　　]

   B: He is here with me.

   A: Are you downstairs, upstairs or outside? [　　　]

   B: We are on the roof!

イントネーション

(L = Luke; E = Emi)

L: [1]<u>Here's the best place in this shopping mall.</u>

E: Wow. It smells great.

L: These cookies are [2]<u>handmade</u>.

Chocolate chip is the most popular.

E: This [3]<u>would be a</u> nice Christmas present for my family in Japan.

L: Emi, aren't you going back home during the [4]<u>winter holidays</u>?

E: No. I couldn't get a ticket.

L: That's too bad.

Would <u>y</u>ou like to spend Christmas with my family in Vermont?
⁽⁵⁾

E: [6]<u>Where?</u>

L: Vermont.

E: [7]<u>How nice!</u> It snows a lot there, doesn't it?

L: [8]<u>Yes, it does</u>. You've got to see it yourself.

E: I'd love to. I've always dreamt<u> of h</u>aving a *white* Christmas.
⁽⁹⁾

L: Good. I'm sure my parents will be excited to meet my [10]<u>Japanese friend.</u>

E: Really? I can't wait to see *your* family, too.

1.　下線部 (1) に強勢記号を書き込みなさい.

　　Here's the best place / in this shopping mall.

2.　下線部 (2) に強勢記号を書き込みなさい.

　　handmade

3.　下線部 (3) について適切な語を○で囲みなさい.

　　比較的短い(内容語・機能語)が 3 語並んでいるため，真ん中の語が本来より少し(強め・弱め)に発音される.

4.　下線部 (4) に強勢記号を書き込みなさい.

　　winter holidays

5.　下線部 (5) の発音記号を書き，音のつながりをスラーと L・E・A で表しなさい.

　　woul<u>d y</u>ou
　　[　　　　　]

6.　下線部 (6) のイントネーション・パターンを数字と矢印 (↑または↓) で表しなさい.

　　Where?　[　　　－　　　]

7.　下線部 (7) のイントネーション・パターンを数字と矢印 (↑または↓) で表しなさい.

　　How nice!　[　　　－　　　－　　　]

8.　下線部 (8) に強勢記号を書き込みなさい.

　　Yes, it does.

9.　下線部 (9) の発音記号を書き，音のつながりをスラーと L・E・A で表しなさい.

　　dream<u>t of h</u>aving
　　[　　　　　　　]

10.　強勢の移動に注意し，下線部 (10) に強勢記号を書き込みなさい.

　　Japanese friend

付　録

1. 音節の分け方 (Lesson 1)

複数の音節からできている単語の音節は，基本的に以下のようなルールで分けられる．

① 強勢を受ける短母音 [i, e, æ, u, ɑ, ʌ] は，直後にある子音1つ，もしくは「子音＋[j]」と一緒に音節を構成する．

broth·er [brʌ́ð·ər]　　　　prin·ci·pal [pʰrín·sə·pɬ]　　　pop·u·lar [pʰɑ́pj·ə·lər]

② 長母音 [iː, uː, ɔː, ɚ]，二重母音 [ei, ou, ai, au, ɔi, iɚ, eɚ, uɚ, ɔɚ, ɑɚ]，強勢を受けない短母音 [i, ə] は，直後にある子音とは分離して音節を構成する．

fu·ture [fjúː·tʃər]　　　　pho·to [fóu·tou]　　　　pho·net·ics [fə·nét·iks]

③ 上の規則と関係なく，[-ʃən]，[-ʒən]，[-dʒən]，[-ʒɚ] は常に1つの音節となる．

pe·ti·tion [pə·tʰɪ́·ʃən]　　　vi·sion [víʒən]　　　plea·sure [plé·ʒər]

~合成語や派生語の音節の分け方~

合成語や派生語の場合には，まず各要素に分け，それぞれの要素ごとに①~③の規則に従って音節に分ける．

合成語： birthday　　　birth + day　　　[bɚ́θ·dèi]　　　×[bɚ́·θdèi]
派生語： baking　　　　bake + -ing　　　[béik·iŋ]　　　×[béi·kiŋ]

2. 音節拍リズムと強勢拍リズム (Lesson 2)

日本語はすべての音節でリズムを作る音節拍リズム (syllable-timed rhythm)，英語は強い音節でリズムを作る強勢拍リズムである．日本語ではすべての音節がほぼ同じ長さと強さで発音されるが，英語では，強勢を受ける音節を強く長めに，強勢を受けない音節を弱く短めに発音することでタイミングを合わせ，強い音がほぼ等間隔になるようにする．

（●は強勢あり，。は強勢なしを表す．）

日本語　●●●●●●●
すももをたべた．（7音節）

●●●●●●●●●●●●●●
えみこはあかいすももをたべた．（14音節）

英語　　●　●　　　●
Tim eats plums.（3音節）

●　●　。　　●
Tim eats some plums.（4音節）

●　。●　。　。　●
Tim is eating some plums.（6音節）

●　　。　。●　　●　　。　。　●
Tim will be eating some of his plums.（9音節）

3. 文強勢に関する補足

3.1. 内容語と機能語 (Lesson 2)

内容語	名詞，一般動詞（以下，動詞とよぶ），形容詞，副詞（否定詞の not を含む），疑問詞，数詞，序数詞，間投詞 (oh，感嘆文の how や what など），指示代名詞，所有代名詞 (mine, yours など），複合代名詞 (anything, something, everyone, oneself など）など
機能語	冠詞，不定形容詞 (some, any)，前置詞，接続詞，be 動詞，助動詞，関係詞（関係代名詞，関係副詞），指示形容詞，代名詞（指示代名詞・所有代名詞・複合代名詞以外）など

3.2. 強勢の有無が紛らわしいもの

① **this, that**：単独で用いられる場合は強勢を受けるが，直後に名詞が続く場合には強勢を受けない．ただし後ろに代名詞の one が続く場合には強勢を受ける．また関係詞や接続詞として用いられる that は強勢を受けない．

    Thât is my fâvorite cúp.　　　　　（指示代名詞）
    This cûp is tôo héavy.　　　　　　（指示形容詞）
    I'll tâke **thís** one.　　　　　　　　（指示形容詞 + one）
    I dôn't wânt to mîss clásses / **that** are relâted to têaching Énglish.　（関係詞）
    I héard / **that** it's a tôugh cláss.　　（接続詞）

② **one**：代名詞として用いられる場合は強勢を受けないが，形容詞として用いられる場合や one of 〜の形で用いられる場合は強勢を受ける．また数詞として用いられる場合は第 1 強勢を受ける．

    I lîke blúe **one**.　　　　　　　　（代名詞）
    Ône mórning / I mét him.　　　　（形容詞）
    He is **ône** of my fríends.　　　　（one of 〜）
    It's **óne** o'clóck.　　　　　　　　（数詞）

③ **like**：動詞として用いられる場合は強勢を受けるが，前置詞として用いられる場合は強勢を受けない．

    My sîster would **lîke** this pén.　　（動詞）
    Môm wânted a tôwel **like** thís.　（前置詞）

④ **there**：「あそこ」という場所を表す副詞として用いられる場合は強勢を受けるが，There 構文 (There is 〜，There are 〜) で用いられる場合は強勢を受けない．

    I pût it **thére**.　　　　　　　　（副詞）
    There are dógs.　　　　　　　　（There 構文）

⑤ **so**：副詞として用いられる場合は強勢を受けるが，動詞の目的語として用いられる場合は代名詞的な扱いとなり，強勢を受けない．接続詞の場合にも強勢を受けない．

Thânk you **sô** múch.	（副詞）
I thínk **so**.	（動詞の目的語）
I lîke the dréss, / **so** I'll táke it.	（接続詞）

⑥ **oneself**：前置詞を伴って現れる場合には強勢を受けるが，動詞の目的語として用いられる場合には強勢を受けない．また強調語として用いられる場合は優先的に第 1 強勢を受ける．

She sômetimes tâlks to **hersélf**.	（前置詞 ＋ 再帰代名詞）
She wáshed **herself**.	（動詞の目的語）
I **mysélf** can mâke it.	（強調語）

⑦ **any**：不定形容詞は基本的に強勢を受けないが，「どんな～も」の意味で用いられる場合は第 1 強勢を受ける．

Do you hâve **any** quéstions?	
The rôom is ôpen for **ány** stûdent.	（「どんな～も」）

⑧ **句助動詞**：2 語以上からなる句助動詞では内容語の部分が強勢を受ける．

be **góing** to	**háve** to
óught to	be **áble** to

3.3. 第 3 強勢がつくもの

① **文末に前置詞や to 不定詞がある場合** (Lesson 10)

Whât are you rúshing **fòr** ?
I'd lóve **tò**.

② **or の直前にポーズがある場合** (Lesson 10)

Would you lîke púdding / **òr** yóghurt ?
Hûrry úp, / **òr** you'll mîss the bús.　　　　cf. I dôn't lîke êither côffee or téa.

③ **付加疑問文の付加部分の代名詞** (Lesson 14)

You stîll hâve a wéek, / dón't **yòu**?
It's nôt your dóg, / ís **ìt**?

④ **単語自体が第 3 強勢を持っている合成語** (Lesson 16) **や長い単語**

bírth**dày**	bláck**bòard**	**hànd**máde	（合成語）
ùnivérsity	**ìn**formátion	**Jà**panése	（3 音節以上の長い単語）

4. 機能語の弱形と強形の例 (Lesson 10)

品詞	機能語例	弱　形	強　形
冠詞など	a	ə	éi
	an	ən	ǽn
	the	ðə,　ði（後ろに母音が続く場合）	ðíː
	some	səm, sm̩	sʌ́m
	any	əni	éni
助動詞	can	kən, kn̩	kʰǽn
	could	kud	kʰúd
	do	①du,　②də[8]	dúː
	does	dəz	dʌ́z
	have	həv, əv（主に直前の語が子音で終わる場合）	hǽv
前置詞	at	ət	ǽt
	from	frəm	frʌ́m
	of	əv	ʌ́v
	for	fə,　fər（後ろに母音が続く場合）	fɔ́ər
	to	①tu,　②tə[8]	tʰúː
接続詞	but	bət	bʌ́t
	and	ən	ǽnd
	or	ər	ɔ́ər
人称代名詞	me	mi	míː
	we	wi	wíː
	us	əs	ʌ́s
	you	①ju,　②jə[8]	júː
	your	jər	júər
	he	hi, i（主に直前の語が子音で終わる場合）	híː
	his	hiz, iz（主に直前の語が子音で終わる場合）	híz
	him	him, im（主に直前の語が子音で終わる場合）	hím
	she	ʃi	ʃíː
	her	hər, ər（主に直前の語が子音で終わる場合）	hə́r
	their	ðər	ðéər
	them	ðəm	ðém
be 動詞	be	bi	bíː
	been	bin	bíːn
	am	əm	ǽm
	was	wəz	wʌ́z
	are	ər	áər
その他	that	ðət	ðǽt
	there	ðər	ðéər

---

[8] do, to, you には2とおりの弱形があり，大きく以下のように使い分けられる．
　① du, tu, ju　　主に次に続く音が口を丸くして（円唇で）発音される場合
　② də, tə, jə　　① 以外の場合
　ただし ① でなければならない場合はあっても，必ず ② でなければならない場合はない．そのため本書では ① を用いる．

テキストタイトルの "Sounds Make Perfect" は，ことわざの "Practice makes perfect"「習うより慣れろ」「練習すれば完璧になる」の表現に似せて，"Sounds make perfect"「発音がともなえば（あなたの英語力は）完璧になる」のように理解する．

Sounds Make Perfect
英語音声学への扉―発音とリスニングを中心に―
[改訂版]

2010 年 1 月 15 日　初　版
2018 年 4 月 5 日　初版第 14 刷
2020 年 1 月 15 日　改訂版
2023 年 3 月 31 日　改訂版 3 刷

著　者ⓒ　　今井由美子　　井上球美子
　　　　　　井上　聖子　　大塚　朝美
　　　　　　高谷　華　　　上田　洋子
　　　　　　米田　信子

発行者　佐々木　元

発行所　株式会社　英　宝　社
東京都千代田区岩本町 2-7-7　（〒101-0032）
電話 [03] (5833) 5870-1　Fax [03] (5833) 5872

印刷・製本：モリモト印刷株式会社
ISBN978-4-269-63014-7 C1082

CD・DVD付